BEHOUDEN SCHRIFT

KLAAS A.D. SMELIK

Behouden schrift

historische documenten uit het oude Israël

TEN HAVE/BAARN

© 1984 Uitgeverij Ten Have bv, Baarn
Typografie en omslag: Hans Gordijn
Afbeelding op het omslag: voor- en achterzijde
van het vierde ostracon uit Lakis (zie pag. 120-122)
Verspreiding in België:
Uitgeverij Westland nv, Schoten

ISBN 90 259 4180 x

INHOUD

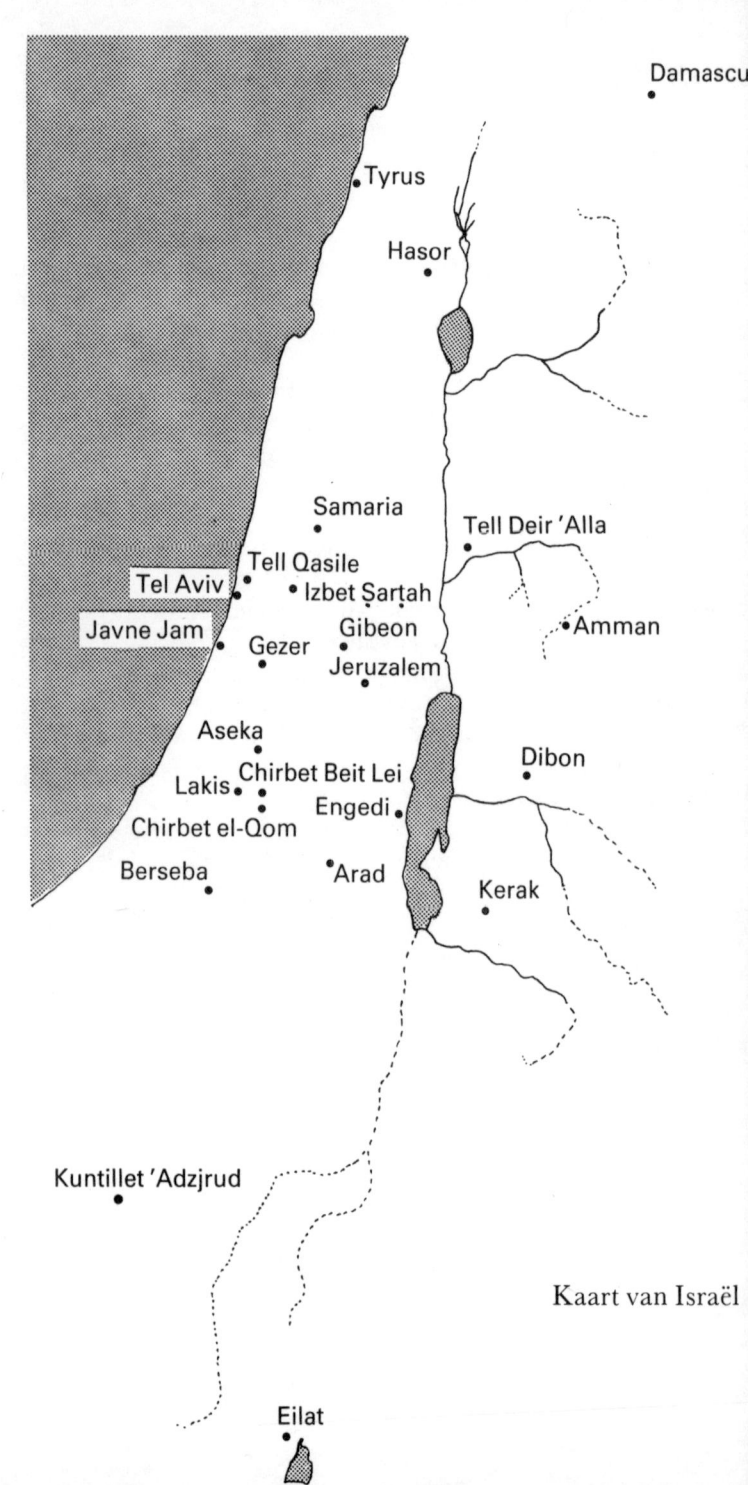

Kaart van Israël

WOORD VOORAF

In Israël en Jordanië zijn vele archeologische vondsten gedaan, die een nieuw licht werpen op de Bijbel en de geschiedenis van het oude Israël. Onder die vondsten zijn ook beschreven scherven, teksten op steen, papyrus of pleister, zegels en stempels. Een aantal van deze teksten is weinig interessant, maar andere verdienen de aandacht van iedereen, die in de Bijbel geïnteresseerd is.

Het is echter niet zo eenvoudig om deze teksten op het spoor te komen. Een paar bekende ziet men weliswaar in vrijwel elk boek over de Bijbel afgebeeld, maar de meeste zijn alleen aan ingewijden bekend. Er zijn een paar overzichtswerken verschenen, maar die zijn – op één na – vrij technisch. En dat ene samenvattende werk dat voor een groter publiek bestemd was, verscheen in 1958. Sindsdien is er veel veranderd: het aantal gevonden teksten is sterk toegenomen en de interpretatie van oudere vondsten is op sommige punten verbeterd. Voor mij voldoende reden om dit boek te schrijven.

Wanneer men zich aan een dergelijk overzichtswerk waagt, kan men twee kanten op. Men kan de nadruk leggen op de epigrafiek, de juiste ontcijfering van de schrifttekens en de taalkundige interpretatie ervan. Men zal dan nieuwe lezingen voorstellen voor duistere passages of nieuwe vertalingen voor onbekende Hebreeuwse woorden. Men kan ook de nadruk leggen op de historische betekenis van deze tekstvondsten. Voor het laatste heb ik gekozen.

Door de grote hoeveelheid vondsten, die met name sinds de Tweede Wereldoorlog gedaan zijn, is het onmogelijk om alle teksten in dit boek te behandelen. Ik moest selecteren. In de eerste plaats ging dat naar plaats en tijd. Alleen vondsten die gedaan zijn in het gebied van de tegenwoordige staten Israël en Jordanië, zijn in dit boek opgenomen, en dan nog wel uit de periode 1000-500 v. Chr., de tijd van de Israëlitische koningen. Om deze regel te bevestigen zal de oplettende lezer op enkele uitzonderingen kunnen wijzen die in dit boek inderdaad te vinden zijn. Verder heb ik geen teksten behandeld, die zo weinig informatie geven, dat zij het geduld van de lezer al te zeer op de proef zouden hebben gesteld.

Wie zich in de Hebreeuwse epigrafiek verdiept, zal spoedig bemerken, dat vrijwel niet één tekst door de deskundigen op dezelfde wijze vertaald wordt. Soms zijn de voorstellen die gedaan zijn, zo merkwaardig, dat ik deze interpretaties naast mij neer kon leggen. Maar vaak bleven er meerdere mogelijkheden open. Ik heb overwogen, of ik alternatieve vertalingen onderaan de pagina zou vermelden. Dit leek mij toch geen goed idee. Daarom wordt van de teksten steeds één vertaling gegeven, waarbij woorden of passages waarvan de interpretatie onzeker is, cursief zijn gedrukt. In een enkel geval is in de toelichting bij de tekst een alternatieve vertaling vermeld, maar omwille van de leesbaarheid ben ik hierin zeer terughoudend geweest.

De vertaling zelf is zo letterlijk mogelijk; ook de Hebreeuwse zinsvolgorde werd, waar dat kon, aangehouden. Soms zijn woorden aangevuld, die in de oorspronkelijke tekst niet staan, maar die voor de begrijpelijkheid van de vertaling noodzakelijk zijn. Deze staan tussen haakjes. De originele teksten zijn vaak beschadigd of moeilijk leesbaar. Lacunes of woorden die niet meer te ontcijferen zijn, worden in de vertaling aangegeven met drie puntjes. Waar het mogelijk was met enige zekerheid te reconstrueren, wat er in de lacune gestaan moet hebben, werden deze aanvullingen met vierkante haken aangeduid.

Een moeilijk punt vormen de klinkers in namen. In deze teksten worden klinkers hoogstens indirect aangegeven. Wetenschappelijk gezien zou men alleen de medeklinkers moeten geven, maar dat zou een weinig aantrekkelijk geheel hebben opgeleverd. Daarom niet QRḤH, maar Kericho in de vertaling van de Mesa-steen, ook al is dit mogelijk niet de oorspronkelijke uitspraak. Waar dat mogelijk was, is de spelling gebruikt die de Nederlandse bijbelgenootschappen voor bijbelse namen hebben ontworpen.

Achterin vindt men een vrij omvangrijke literatuurlijst, die toch nog maar een beperkte selectie biedt van de vele artikelen en boeken die over dit onderwerp zijn versche-

nen. Tekeningen van de tekstvondsten en kaartjes onder-
steunen mijn verhaal. Het was niet mogelijk de teksten in
het origineel op te nemen, maar wie daarin geïnteresseerd
is, verwijs ik naar de edities, welke in de literatuurlijst zijn
opgenomen.

Drs. J. van Dorp en mijn vrouw drs. E.A. Hemelrijk waren zo vriendelijk mijn manuscript kritisch door te lezen,
zodat ik hier en daar de tekst nog wat heb kunnen bijstel-
len. Mijn collegae van de instituutsbibliotheek van de
Utrechtse theologische faculteit en van de Bibliotheca Ro-
senthaliana te Amsterdam wil ik graag ook bedanken voor
hun medewerking.

Ik draag dit boek op ter nagedachtenis van mijn moeder,
J.M.A. Smelik-Kiggen, die mij het plezier in schrijven
heeft meegegeven.

1. INLEIDING

Hoe wordt een schrijver populair? Een merkwaardige vraag om een boek over tekstvondsten uit het oude Israël mee te beginnen. Maar toch bestaat er een verband tussen deze vraag en het onderwerp van dit boek.

Wil een schrijver veel gelezen worden, is het niet voldoende dat hij goed kan schrijven. Er zijn zoveel andere factoren, die een rol spelen: de keuze van het onderwerp, de mode van de tijd, originaliteit, persoonlijk optreden... maar soms ook domweg: geluk. Dit geldt niet alleen voor schrijvers van fictie – ook voor wetenschappelijk onderzoekers gaat dit tot op zekere hoogte op. De ene onderzoeker heeft veel meer invloed dan de andere, zonder dat zij in bekwaamheid voor elkaar onderdoen.

Men ziet het ook bij teksten uit de Oudheid. De geschriften van de Syrische kerkvaders hebben relatief gezien weinig aandacht van de onderzoekers gekregen, waarschijnlijk omdat Syrisch minder bekend is dan Latijn of Grieks, niet omdat de inhoud van deze werken minder interessant zou zijn. Uit het oude Nabije Oosten zijn duizenden tekstvondsten afkomstig, die nog niet eens zijn gepubliceerd, laat staan diepgaand bestudeerd. Teksten op kleitabletten, op scherven (*ostraca*), op papyrus of ander schrijfmateriaal liggen in magazijnen te wachten. Nu zal zeker de inhoud van het merendeel van deze documenten niet wereldschokkend zijn, maar toch worden onder deze teksten van tijd tot tijd interessante ontdekkingen gedaan.

Daarentegen wordt iedere tekstvondst uit Israël en Jordanië met de grootst mogelijke aandacht begroet, ook al moet men soms wel lang wachten totdat de tekst ook definitief wordt uitgegeven. Op zich gezien niet bepaald boeiende teksten hebben aanleiding gegeven tot een stroom van artikelen in de wetenschappelijke tijdschriften. Het topje van de ijsberg vindt men in de literatuurlijst achterin, die toch al weer 17 bladzijden telt. Afbeeldingen van deze tekstvondsten vindt men in ieder platenboek over de Bijbel of over Israël. Kortom, zij zijn bijzonder populair, en dat ligt niet in de eerste plaats aan de inhoud. Vanwaar dan deze populariteit? Dat komt doordat de Bijbel zo'n populair boek is en zij licht werpen op het culturele milieu, waarin de Bijbel, met name het Oude Testament, is ontstaan.

In de eerste plaats kan op grond van de tekstvondsten, waarvan de belangrijkste in dit boek behandeld zullen worden, geconcludeerd worden, dat het gebruik van het schrift onder de Israëlieten pas in de achtste eeuw v.Chr. goed op gang kwam. Uit de periode daarvoor zijn slechts enkele vondsten gedaan. Dit zou op toeval kunnen berusten, te meer daar papyrus – een veel gebruikt schrijfmateriaal – in de meeste delen van Israël het klimaat niet lang doorstaat. Maar in Israël is het archeologisch onderzoek zo ver gevorderd, dat wanneer men bepaalde zaken niet of nauwelijks vindt, dit ook betekent dat die er destijds niet of nauwelijks geweest zijn.

Daarom ziet het er naar uit, dat het schrift weliswaar ten tijde van koning David (omstreeks 1000 v.Chr.) onder de Israëlieten is ingevoerd, maar aanvankelijk alleen in kringen van het koninklijk hof en bestuur. Daar komt in de achtste eeuw verandering in. Deze relatief late verbreiding van het schrift heeft consequenties voor de datering van bijbelboeken (zie verder hoofdstuk 2).

In de tweede plaats geven de schriftvondsten aanvullende informatie over de ontwikkeling van de Hebreeuwse taal, de woordbetekenissen, de eigennamen en het idioom. Een mooi voorbeeld hiervan betreft de vertaling van 1 Samuël 13:21. In de Statenvertaling werd deze passage nog weergegeven met:

> Maer sy hadden tandige vijlen tot hare houweelen, ende tot hare spaden, ende tot de drietandige vorcken, ende tot de bijlen, ende tot het stellen der prickelen.

Een nogal raadselachtige mededeling. Toen in de jaren dertig gewichten werden gevonden met daarop als aanduiding PJM, één van de woorden die in dit vers voorkomen en dat men tot dan toe niet had begrepen, werd het vers meteen duidelijk. PJM was een aanduiding voor tweederde sikkel! Vandaar dat in de NBG-vertaling 1951 staat:

11

De prijs nu was twee derde sikkel voor de zeisen en de ploeg-scharen en een derde sikkel voor de haken en de bijlen en voor het vastzetten van de prikkels.

In de derde plaats leveren deze tekstvondsten nieuwe gegevens op voor de besturing van de geschiedenis van het oude Israël. Het sprekendste voorbeeld hiervan vormt ongetwijfeld de steen van Mesa van Moab, waaraan het derde hoofdstuk is gewijd. Maar ook de geschiedenis van de laatste jaren van het koninkrijk Juda wordt door tekstvondsten aanmerkelijk concreter, zoals zal blijken uit de hoofdstukken 7-9.

Het vierde punt waarover de tekstvondsten ons waardevolle informatie verschaffen betreft het sociale en economische leven in Israël tijdens het oudtestamentische tijdvak. Beschreven potscherven (ostraca) melden de leverantie van goederen en geven aanwijzingen hoe het land destijds verdeeld was (zie hoofdstuk 4). Ook over het beheer, het bestuur en de militaire organisatie weten wij meer door deze tekstvondsten (zie bijv. hoofdstuk 10). Eén vondst zal de lezer bijzonder aanspreken: het betreft een klacht van een arme dagloner, wiens mantel in beslag genomen is (zie hoofdstuk 7).

In de vijfde plaats geven de tekstvondsten ons inlichtingen over de godsdienstige situatie in het oude Israël. Wat het Oude Testament hierover mededeelt is sterk gekleurd door de profetische visie van de auteurs. Nu beschikken wij over enkele getuigenissen van de religieuze praktijk van de Israëlieten, die in het Oude Testament wordt veroordeeld (zie hoofdstuk 11). Opmerkelijk is ook de vondst van een niet-Israëlitische tekst, waarin profetieën van de uit het Oude Testament bekende ziener Bileam zijn opgetekend. Door deze tekst zijn de profetische boeken van het Oude Testament uit hun literair isolement gehaald (zie hoofdstuk 6).

In de zesde plaats zijn er uit de periode, die buiten het kader van dit boek valt, bijbelhandschriften gevonden. Dit zijn de beroemde Dode Zee rollen uit de eerste eeuwen vóór en de eerste eeuw na de jaartelling. Door deze vondst is onze kennis inzake de overlevering van de boeken van het Oude Testament sterk toegenomen. Het zou natuurlijk zeer belangrijk zijn, wanneer men handschriften uit een vroegere periode vond, maar de kans daarop is helaas niet groot.

Er zijn nog meer terreinen van bijbelonderzoek te noemen, waarvoor tekstvondsten nieuwe gegevens hebben opgeleverd, maar deze opsomming lijkt mij lang genoeg om de lezer van het belang van de Hebreeuwse *epigrafiek* (bestudering van tekstvondsten) te overtuigen. In het nu volgende zal de nadruk niet zozeer liggen op de taalkundige aspecten van de Hebreeuwse epigrafiek, maar op de informatie die deze tekstvondsten bieden voor de interpretatie van het Oude Testament en voor de reconstructie van de geschiedenis van Israël in de tijd van de koningen.

Het schrift

Wij leven in een tijd waarin niet zuinig met het schrift wordt omgesprongen. Overal om ons heen zien wij letters, teksten, boodschappen, kranten, tijdschriften, boeken. Zelfs op de kartonnen verpakking van de melk is tegenwoordig het een en ander te lezen. Afgezien van een kleine groep, kan iedereen in Nederland lezen en wie het niet kan, komt vaak voor moeilijke situaties te staan – onze samenleving is op analfabeten niet ingericht.

Het is daarom moeilijk voor te stellen hoe het leven moet zijn in een maatschappij waar het schrift ontbreekt. Ruim vijfduizend jaar geleden was dit echter overal ter wereld het geval: het schrift was nog niet 'uitgevonden' – als je dat zo zeggen mag. Maar ook daarna werd het schrift beperkt gebruikt. Zo werd in het oude Israël beduidend minder geschreven dan in Nederland nu. Gelezen werd ook minder; en als het gebeurde, las men hardop. Dat houdt in dat wanneer wij nu de Bijbel zachtjes in onszelf lezen met de snelheid waarmee wij de krant lezen, wij veel missen. Voor een dergelijke consumptie is de Bijbel niet bedoeld. Men moet de tekst hardop lezen en luisteren naar het kunstig spel van woorden en zinnen, dat de schrijvers ons aanbieden, die erop hebben gerekend, dat hun werk zou worden voorgelezen.

Er is al vaak geschreven over de grote omwenteling die de ontwikkeling van het schrift in de menselijke geschiedenis heeft teweeggebracht. Interessanter voor dit boekje zijn andere punten van onderzoek: hoe is het schrift ontstaan? Welke typen van schrift werden in Palestina (ik gebruik die term in strikt geografische betekenis voor het gebied van de tegenwoordige staten Israël en Jordanië) gebruikt? Wat voor schrijfmateriaal gebruikte men? Antwoord op deze vragen is dankzij het onderzoek van de afgelopen honderd jaar te geven, maar het wordt wel een wat inge-wikkeld verhaal, dat enig uithoudingsvermogen vereist. Wie dat niet bezit, kan verder gaan met hoofdstuk 2.

Hoe is het schrift ontstaan? Bij opgravingen in het Oude Nabije Oosten zijn verspreid over een groot gebied kleine voorwerpen van klei gevonden, vooral in voorraadsruim-ten. Deze objecten, meestal niet groter dan ½ tot 2½ cm, werden meestal in een aantal bij elkaar aangetroffen en wat hun vorm betreft vertonen zij weinig verschillen. Zo kan men tussen de twintig en dertig typen onderscheiden. Dat maakt het waarschijnlijk dat zij symbolen zijn ge-weest voor een beperkt aantal begrippen, bijvoorbeeld ge-tallen. Men stelt het zich zo voor, dat deze klei-symbolen in een pot of een buidel (vgl. I Samuël 25:29) werden ge-plaatst om zo het aantal voorwerpen of dieren dat men ie-mand had toevertrouwd, vast te leggen. Wanneer een her-der bijvoorbeeld vijfentwintig schapen meekreeg om te hoeden, deed men de kleisymbolen voor vijfentwintig schapen in zijn buidel of pot. Wanneer hij de dieren weer terugbracht, kon zo het aantal worden gecontroleerd. Op grond van de vondsten neemt men aan, dat dit systeem van administratie reeds omstreeks 8500 v.Chr. in gebruik was.

In het vierde millennium v.Chr. werd het leven ingewik-kelder. Er ontstonden steden; mensen gingen steeds ver-schillender beroepen uitoefenen (beroepsdifferentatie) en een ontwikkeld systeem van produktie en herverdeling van goederen kwam op. In deze omstandigheden kreeg men behoefte aan een verfijndere registratie en admini-stratie dan tot dan toe gebruikelijk. Vandaar dat men de typen van klei-symbolen herzag om gedetailleerdere infor-matie te kunnen opslaan; vandaar ook dat men een sys-teem uitdacht om manipulatie met de kleisymbolen te voorkomen. Want het is duidelijk, dat het niet moeilijk moet zijn geweest om klei-symbolen te verwijderen of toe te voegen in hun bewaarplaats – al naar gelang het uitkwam.

De oplossing die men in de tweede helft van het vierde millennium v.Chr. voor dit probleem koos, was het introduceren van een nieuw type bewaarplaats: een omhulsel van klei waarin men de klei-symbolen legde en die men vervolgens toesloot. Op de buitenzijde rolden de betrokkenen hun zegel af – een afdruk van een rolzegel functioneerde in Mesopotamië zoals tegenwoordig een handtekening. Eenmaal gedroogd was het niet meer mogelijk het klei-omhulsel te openen zonder dat dit zichtbare sporen naliet. Deze klei-buidels konden ook als vrachtbrieven dienen: diegene die de vracht vervoerde, kreeg een klei-omhulsel met inhoud mee. Bij aflevering kon men contrôleren of het aantal en type van de goederen die men ontving, overeenstemden met de kleisymbolen in de 'enveloppe', die dan verbroken werd. Wie de vracht afleverde met een gebroken klei-omhulsel kon er zeker van zijn, dat hij moeilijkheden kreeg.

Een goed werkend systeem, maar het was onpraktisch dat men tussen het versturen en ontvangst van de zending niet kon zien, hoeveel en van welk type kleisymbolen in het omhulsel zaten, zonder dat men dat moest verbreken. Waarom dan aantal en type van de kleisymbolen niet ook afgebeeld op de buitenkant van het omhulsel? Zo geschiedde. Eenmaal zover zag men de noodzaak om nog binnen in het omhulsel kleisymbolen te stoppen, steeds minder in. Dat liet men achterwege en de typische vorm van het kleitablet was ontstaan (omstreeks 3200 v.Chr.).

Na deze eerste fase waarin men slechts zeer eenvoudige mededelingen kon doen, groeide dit beginsel van een schrift in betrekkelijk korte tijd in Sumerië uit tot het omvangrijke en ingewikkelde systeem van het Mesopotamische schrift, waarmee iedere tekst in principe kon worden vastgelegd. Dit schrift werd voortaan niet alleen voor handelsdoeleinden gebruikt, maar ook voor alle functies waarvoor wij nu het schrift benutten. Naar de uiteindelijke vorm van de tekens noemt men het Mesopotamische schriftsysteem *spijkerschrift*.

De uitvinding van het schrift betekende echter niet dat alle volkeren er meteen gebruik van gingen maken. Dat is een langzaam groeiproces geweest: nog in onze tijd worden er schriftsystemen uitgedacht voor volkeren die het schrift niet kennen. Het betekende evenmin dat iedere cultuur voortaan hetzelfde schrift ging gebruiken. Het eerste volk dat van de Sumeriërs het principe van schrift heeft overgenomen, de Egyptenaren, ontwikkelde reeds een eigen vorm van schrift, het *hiëroglyphenschrift*.

In Syrië-Palestina heeft men in de tweede helft van het derde millennium en in het tweede millennium (grofweg 2300-1300 v.Chr.) het Mesopotamische spijkerschrift overgenomen om teksten mee te schrijven. Men nam daarbij vaak ook de meest gangbare Mesopotamische taal van die periode als schrijftaal over, ook al sprak men zelf een andere taal. In de stad Ebla (thans Tell Mardich) waar door de Italianen belangrijke opgravingen worden verricht en waar een omvangrijk archief is teruggevonden, schreef men bijv. zijn documenten in het Sumerisch en in het spijkerschrift, al zijn er ook teksten die in het Eblaïtisch geschreven zijn, de eigen taal van deze stad, een Semitische taal vergelijkbaar met het Hebreeuws. Voor die teksten in het Eblaïtisch gebruikte men overigens ook het spijkerschrift.

Er zijn meer voorbeelden te noemen: zo werd in Megiddo een Akkadisch fragment uit het beroemde Gilgamesj Epos in het spijkerschrift gevonden uit omstreeks 1400 v.Chr. Het meest tekenend zijn de brieven die de Kanaänitische stadsvorsten naar de pharao van Egypte verzonden hebben in spijkerschrift en in een (verbasterde) vorm van het Akkadisch. Het Akkadisch, de taal die men in Babylonië en Assyrië sprak, is in tegenstelling tot het Sumerisch ook een Semitische taal, maar van een ander type dan de talen die men in Syrië-Palestina destijds sprak. Omstreeks 1400 v.Chr. was het Akkadisch de diplomatieke taal in het oude Nabije Oosten geworden, die zelfs door het hof van Egypte gebruikt werd voor de buitenlandse correspondentie. De schrijvers van de stadsvorsten van Syrië-Palestina wisten wel met het spijkerschrift om te gaan, maar hadden moeite met het Akkadisch als taal. Vandaar dat zij in hun brieven soms overgingen op hun Kanaänitisch dialect. Wij weten dit vooral door de vondst van het diplomatieke archief van de Egyptische pharao's Amenophis III en IV – de laatste beter bekend onder zijn latere naam Echnaton – dat in Echnatons hoofdstad Achetaton (El Amarna) werd gevonden – in Egypte dus. Dit archief uit de 14e eeuw dat in 1887 werd ontdekt, omvat een kleine vierhonderd brieven in het Akkadisch, de meeste opgesteld door schrijvers uit (Zuid-) Syrië-Palestina. Deze documenten tonen hoe de stadsvorsten van dit gebied die officieel onder Egyptisch gezag stonden, in een voortdurende strijd gewikkeld waren om de macht. Vele plaatsnamen die ook in de Bijbel voorkomen, vindt men in deze teksten. Wellicht de opvallendste van deze vorsten is Abdu-Cheba, de vorst van Jeruzalem, die door zijn tegenstanders zo wordt belasterd bij de pharao, dat hij het verstandiger acht de Egyptische koning een brief te schrijven. Hieraan voegt hij een P.S. toe met het verzoek aan de schrijver die de brief aan de pharao zal voorlezen, dit met verve te doen. Hier volgt deze brief in vertaling:

> Spreek tot mijn heer de koning, aldus (spreekt) Abdu-Cheba uw dienaar. Aan de twee voeten van mijn heer de koning val ik zeven en nog eens zeven maal neer. Wat heb ik mijn heer de koning aangedaan? Men belastert mij bij mijn heer de koning: 'Abdu-Cheba is zijn heer de koning afvallig geworden'. (Maar) zie: mij hebben noch mijn vader noch mijn moeder op deze plaats gesteld; de sterke arm van de koning heeft mij in het huis van mijn vader binnengeleid. Waarom zou ik een misdaad tegen mijn heer de koning begaan? Zolang mijn heer de koning leeft, zal ik tot de vertegenwoordiger van mijn heer de koning zeggen: 'Waarom kiest u voor de Chapiru* en wijst u de stadsvorsten af?' Daarom word ik belasterd bij mijn heer de koning. En er wordt beweerd (door mij): 'Verloren is het gebied van mijn heer de koning'. Daarom word ik belasterd bij mijn heer de koning. Mijn heer de koning moge weten: Nu mijn heer de koning bewakingstroepen heeft ingezet, heeft Janchamu (*hoogste vertegenwoordiger van de pharao*) ... genomen ... Er zijn geen bewakingstroepen. De koning moge zorgen voor zijn land, de koning moge zorgen voor zijn land. Heel het gebied is mijn heer de koning afvallig geworden. Ili-milku (*vorst van Gezer*) richt heel het land van de

---

* De Chapiru is een groep die men in de teksten uit deze periode vaker tegenkomt en wier naam aan die der Hebreeërs herinnert. Zij vormden waarschijnlijk niet een afzonderlijk volk, maar een gewapende groep die aan de rand van de maatschappij leefde.

koning te gronde. Mijn heer de koning moge voor zijn land zorgen. Ik zeg (telkens): 'Ik wil bij mijn heer de koning binnengaan en moge ik de beide ogen van mijn heer de koning zien'. Maar de vijandschap is sterk tegen mij, ik kan niet bij mijn koning binnen komen. Moge het de koning goeddunken mij bewakingstroepen te sturen, opdat ik kan binnenkomen en de beide ogen van mijn heer de koning kan zien. Zolang mijn heer de koning leeft, zal ik, zodra een vertegenwoordiger (uit Egypte) aankomt, zeggen: 'Verloren is het gebied van de koning. U luistert niet naar mij. Alle stadsvorsten zijn verloren. De koning heeft geen stadsvorsten meer'. Laat de koning zijn aandacht op de boogschutters richten, opdat de boogschutterstroepen van mijn heer de koning uitrukken. De koning heeft geen gebied (meer), de Chapiru plunderen het hele gebied van de koning. Indien er nog in dit jaar boogschutterstroepen zijn, zal het gebied van mijn heer de koning blijven bestaan. Maar indien er geen boogschutterstroepen zijn, is het gebied van mijn heer de koning verloren.

(P.S.) Aan de schrijver van mijn heer de koning, aldus Abdu-Cheba uw dienaar. Presenteer in mooie woorden bij mijn heer de koning: 'Heel het gebied van mijn heer de koning is verloren'. (vertaling: drs. Th.J.H. Krispijn)

Het alfabet

Behalve dat men het Mesopotamische spijkerschrift gebruikte, werd er in Syrië-Palestina ook geëxperimenteerd met eigen schriftvormen, geïnspireerd op het Egyptische of het Mesopotamische systeem. Op verschillende plaatsen zijn kleine teksten teruggevonden, geschreven met eigen lettertekens, waarvan wij nog niet met zekerheid weten wat zij betekenen. De bekendste teksten zijn op het Sinaï schiereiland gevonden in een schrift dat men proto-sinaïtisch noemt, maar de tekstvondsten uit Gezer, Lakis en Sichem zijn nog ouder (17-16e eeuw v.Chr.). Men neemt aan dat het hier reeds om voorlopers van het latere Phoenicische alfabet gaat, en spreekt van proto-kanaänitisch schrift.

Op het Mesopotamische systeem geïnspireerd is het wel met zekerheid ontcijferde schrift dat in de havenstad Ugarit (tegenwoordig Ras Sjamra in Noord-Syrië) in de vijftiende eeuw v.Chr. werd ontwikkeld en waarin o.m. literaire teksten in het Ugaritisch (een Semitische taal verwant aan het Hebreeuws) werden geschreven. De 29 of 30 tekens van het Ugaritische alfabet lijken wat vorm betreft op de tekens van het spijkerschrift. Verder is het echter een geheel eigen systeem, een alfabet waarin voor iedere medeklinker één eigen teken bestaat (al worden in sommige gevallen ook klinkers aangegeven). Ten opzichte van het ingewikkelde geheel van het Mesopotamische spijkerschrift is dit schrift een grote vereenvoudiging en verbetering.

Schriftsystemen als het spijkerschrift en de hiëroglyphen vereisten immers een langdurige opleiding op een schrijversschool, eer men ingewijd was in de ingewikkelde en vaak inconsequente structuur van het schrift en men zelfstandig kon schrijven. Hierdoor bleef bekendheid met het schrift beperkt tot de kleine groep, die voor een dergelijke opleiding in aanmerking kwam. Een alfabetisch systeem kent slechts een klein aantal tekens (het Hebreeuws bijv. 22), die ieder een vrijwel eenduidige klankwaarde hebben. Om zich dit schrift eigen te maken, kost veel minder tijd dan voor het aanleren van de toen bestaande schriftsystemen nodig was. Hiermee was één van de voorwaarden geschapen voor een grotere verbreiding van het schrift in de verschillende lagen van de maatschappij. Men moet dit echter niet overdrijven. Het in gebruik nemen van het alfabet heeft er niet toe geleid, dat meteen iedereen ging lezen en schrijven. Het heeft eeuwen geduurd, voordat de bevolking van Palestina enigermate gealfabetiseerd was.

Hoewel het Ugaritische alfabet in de dertiende en twaalfde eeuw v.Chr. ook in Palestina werd gebruikt, heeft het zich niet doorgezet. Het proto-Kanaänitische schrift heeft het pleit gewonnen.

Het (voorlopig) eindresultaat van deze ontwikkeling ziet men op het deksel van de sacrophaag van koning Achiram van Byblos (omstreeks 1000 v.Chr.). De inscriptie toont een handzaam schriftsysteem, het Phoenicische alfabet. Men kan de tekst als volgt vertalen:

Sarcophaag welke maakte [Itto]baäl (*klinkers onzeker*), de zoon van Achiram, de koning van Byblos, voor Achiram, zijn vader, toen hij hem neerlegde voor eeuwig. Wanneer nu een koning onder de koningen of een gouverneur onder de gouverneurs of de aanvoerder van een legerkamp (tegen) Byblos is opgetrokken en

19

deze sarcophaag ontbloot, moge dan de scepter van zijn heer-
schappij *gebroken* worden, moge dan de zetel van zijn koningschap omvergeworpen worden en moge de rust dan van Byblos
vluchten. En hij – moge uitgewist worden zijn inscriptie...

Met de 22 tekens die niet moeilijk te leren zijn, kan elke
schrijver ieder denkbaar woord in het Phoenicisch vastleggen. Klinkers werden aanvankelijk niet aangegeven,
maar dat is voor een Semitische taal minder lastig dan
voor bijv. een Indo-europese taal als het Nederlands. Ieder teken kreeg een naam: het eerst 'alef', het tweede 'bet'
(vandaar alfabet) en er was ook een vaste volgorde voor
de tekens, waardoor men deze beter kon leren en onthou-
den. Er is waarschijnlijk een samenhang tussen de naam
van het teken en zijn vorm. Het eerste teken 'alef' stelt een
rundskop voor; 'alef' betekent ook rund; het laatste teken
'tau' stelt een brandmerk voor; 'tau' betekent teken. Deze
samenhang is overigens niet bij alle tekens even duidelijk.

Het geniale van het Phoenicische alfabet is niet deze samenhang tussen naam, vorm en klankwaarde van het teken, want dat hadden de Sumeriërs reeds bedacht. Wel
dat men bij het teken 'bet' niet 'bet' las, maar 'b'; het
principe dus dat alleen de eerste klank van de naam de
klankwaarde van het teken vormt. Op die wijze kon men
met 22 tekens volstaan, waar een lettergrepenschrift bijv.
minstens 80 tekens nodig heeft en een beeldschrift vele
honderden. Men noemt dit principe *acrophonisch*.

Aanvankelijk gebruikte men in Palestina het Phoenicische
alfabet. Zo is de kalender van Gezer (zie hoofdstuk 2) in
Phoenicisch schrift opgesteld. In de 9e eeuw v.Chr. ontstonden echter locale varianten, die uitgroeiden tot afzonderlijke schriften, het (oud-) Hebreeuwse en het Aramese
schriftsysteem. Ook het Griekse alfabet is uit het Phoenicische voortgekomen. De oudste tekst in typisch (oud-)
Hebreeuws schrift is opvallenderwijs de Moabitische inscriptie van koning Mesa van Moab (zie hoofdstuk 3).

Het Phoenicische alfabet, zoals dat voorkomt op de
sarcophaag van Achiram, heeft een vorm die het bijzonder geschikt maakt om in steen in te griffen met een stift.
Men noemt dat wel *lapidair*; 'lapis' betekent steen. Het
(oud-) Hebreeuwse schrift is echter niet lapidair, maar
cursief – dat wil zeggen meer geschikt voor het schrijven

met pen en inkt op papyrus, hout of scherf (ostracon). Ook wanneer men in steen een tekst aanbracht, bijv. op een zegelsteen, gebruikte men in Israël een cursief schrift. Dit is waarschijnlijk een aanwijzing, dat de Israëlitische schrijvers steen zelden als schrijfmateriaal toepasten, anders hadden zij zeker ook een lapidair schrift ontwikkeld. Dat stemt overeen met het gering aantal vondsten van inscripties op steen in Israël.

Nu zou men kunnen denken dat het schrift dat men thans in Israël gebruikt en waarin ook de Hebreeuwse bijbel wordt gedrukt, hetzelfde is als het (oud-) Hebreeuwse schrift waarvan tot nu toe sprake was. Dat is echter niet zo. Wat wij nu kennen als het Hebreeuwse schrift (vaak *kwadraatschrift* genoemd naar de vierkante vorm van de letters) is in feite een voortzetting van het Aramese schrift, niet van het (oud-) Hebreeuwse. Wie de twee schriftsystemen naast elkaar ziet, zullen de verschillen zelfs meer opvallen dan de overeenkomsten (zie afb. 1).

Een merkwaardige gang van zaken, maar historisch verklaarbaar. Toen het gebied van de Aramese stadstaten (Syrië) onder politieke invloed van het Assyrische rijk (Noord-Irak) kwam, kwamen de Assyriërs onder culturele invloed van de Arameeërs te staan. Het is vaker in de geschiedenis voorgekomen dat de overwinnaar de cultuur van de overwonnene (ten dele) overneemt. Een onderdeel van deze culturele invloed betreft de Aramese taal en schrift.

Het Aramese schrift bood grote voordelen boven het spijkerschrift en het Aramees als taal kon door vele niet-Aramese volkeren van het Nabije Oosten wel met enige moeite worden verstaan. Zo werd het Aramees en niet het Assyrisch de gemeenschappelijke taal voor het steeds groter wordende Assyrische rijk, en dit bleef zo, ook toen het Assyrische imperium ineenstortte. Aramees bleef de diplomatieke en overheidstaal. Zo is er in Saqqara een brief gevonden van een vorst uit Palestina gericht aan de farao van Egypte uit omstreeks 600 v.Chr., die in het Aramees gesteld was (zie hoofdstuk 9). Pas in de Hellenistische periode (vanaf Alexander de Grote) werd het Aramees als officiële taal geleidelijk aan verdrongen door het Grieks. Toen het Aramees als officiële taal ging fungeren, begon-

Oud-Hebreeuws schrift	Kwadraat-schrift	Modern cursief-schrift	Transcriptie		Getals-waarde
𐤀	א	K	'ālef	'	I
𐤁	ב	ב	bēṯ	b, ḇ	2
𐤂	ג	ג	gímel	g, ḡ	3
𐤃	ד	ᵌ	dāleṯ	d, ḏ	4
𐤄	ה	ה	hē	h	5
𐤅	ו	I	wāw	w (w)	6
𐤆	ז	ז	záyin	z	7
𐤇	ח	n	ḥēṯ	ḥ	8
𐤈	ט	6	ṭēṯ	ṭ	9
𐤉	י	'	yōḏ	y (y)	10
𐤊	ך, כ	ק, כ	kaf	k, ḵ	20
𐤋	ל	ל	lāmeḏ	l	30
𐤌	ם, מ	מ, N	mēm	m	40
𐤍	ן, נ	׀, ل	nūn	n	50
𐤎	ס	o	sāmeḵ	s	60
𐤏	ע	ס	'áyin	'	70
𐤐	ף, פ	פ, ם	pē	p, f	80
𐤑	ץ, צ	צ, ם	ṣāḏē	ṣ	90
𐤒	ק	P	qōf	q (ḳ)	100
𐤓	ר	ר	rēš	r	200
w	שׂ	׳e	śin	ś	
	שׁ	e	šin	š	300
𐤕	ת	ה	tāw	t, ṯ	400

Afb. 1. Oud-Hebreeuws en Kwadraatschrift
(overgenomen uit Nat-Lettinga, Grammatica
van het Bijbels Hebreeuws).

nen ook Joden Aramees als spreektaal over te nemen. De
joodse gemeenschap in Elephantine in Egypte gebruikte
Rijksaramees als schrijftaal (vijfde eeuw v.Chr.), maar
ook in het land Israël zelf ging men Aramees schrijven en

spreken. In de tijd van Jezus was de toestand zelfs zo geworden, dat Hebreeuws nog als de spreektaal van een slechts gering aantal Judeeërs functioneerde en verder alleen nog door geleerden werd gebruikt. De meeste Joden spraken Aramees of Grieks. In het Nieuwe Testament worden dan ook een paar Aramese woorden aangehaald in de verder Griekse tekst zoals 'abba', 'maranatha', 'talita koem', 'mammon'.

Aan de andere kant mag men zich de wisseling van (oud-) Hebreeuws naar Aramees schrift niet te absoluut voorstellen. Het oorspronkelijke (oud-) Hebreeuwse schrift bleef nog een tijd lang in gebruik, toen het Aramese schrift reeds was ingevoerd. Men gebruikte het voor bijbelhandschriften, inscripties en muntopschriften: nog op de munten die tijdens de twee joodse opstanden (66-73 resp. 132-135 n.Chr.) werden geslagen, staan woorden in het oudhebreeuwse schrift. Interessant is het verschijnsel in een aantal handschriften uit de grotten van Qumran, waar de gehele (Hebreeuwse) bijbeltekst in Aramees kwadraatschrift is weergegeven, maar alleen voor de Godsnaam oudhebreeuws schrift is gekozen. Na 135 n.Chr. werd het oudhebreeuwse schrift niet meer door de Joden gebruikt, maar een voortzetting ervan, het Samaritaans, is tot op vandaag bij de Samaritaanse gemeenschap in Israël in ere.

Schrijfmateriaal

Als derde en laatste punt: welk schrijfmateriaal werd gebruikt? Er is reeds opgemerkt dat in Israël weinig inscripties op steen zijn teruggevonden. Dit geldt ook voor teksten op metaal, al is er in Qumran een koperen rol teruggevonden met een interessant verhaal erop waar schatten verborgen zijn. Meestal heeft men hout, aardewerk, leer en papyrus gebruikt, later ook perkament (bewerkt leer). Door de ongunstige klimatologische omstandigheden is hier veel van verloren gegaan. Alleen rond de Dode Zee is hout, leer en papyrus bewaard gebleven.

Er is meer schrijfmateriaal gebruikt: klaptafeltjes met was bestreken, pleister (zie hoofdstuk 6), (edel)stenen – voor zegelringen en gewichtjes; in de Romeinse en Byzantijnse tijd werden zelfs teksten gevormd door mozaiekblokjes. Opvallend is de afwezigheid van kleitabletten als schrijfmateriaal, temeer daar men in Palestina wel kleitabletten in spijkerschrift gevonden heeft. Dat komt doordat het Phoenicische schrift en zijn navolgers een vorm hebben die het ongeschikt voor kleitabletten maakt. Buiten Israël heeft men wel eens een korte opmerking in Aramees schrift op een kleitablet gekrast, maar in Palestina is dat niet gebeurd.

Terwijl men voor steen een ijzeren stift gebruikte (vlg. Jer. 17:1; Job 19:24), nam men als men op een ostracon, op leer of papyrus ging schrijven pen en inkt. Een schrijver had ook een houten palet (Ez. 9:2, 3, 11) waarin een vakje voor zijn pennen en verdiepte holten voor de inkt, en een schrijversmes (Jer. 36:23), waarmee hij van een papyrusrol een blad kon snijden of zijn pen kon bijpunten.

In het gemeenschapshuis van de joodse secte die bij de Dode Zee leefde en van wie de Dode Zee-rollen stammen, was een afzonderlijk vertrek voor de schrijfarbeid bestemd. Schrijftafels van pleister en zelfs inktkokers troffen de opgravers aan. Hier is een deel van de Dode Zee-rollen geschreven. In deze latere periode ontwikkelde het overschrijven van Hebreeuwse bijbelhandschriften zich tot een afzonderlijke kunst verbonden met een eigen ritueel. Zeer nauwkeurige regels hieromtrent zijn vastgelegd in één van de zgn. kleinere tractaten van de Babylonische Talmoed, *Soferiem* genaamd (wat 'schrijvers' betekent). En nog steeds worden volgens deze voorschriften de wetsrollen met de hand overgeschreven, die voor de synagogedienst gebruikt zullen worden. In dit opzicht is er in tweeduizend jaar nauwelijks iets veranderd.

2. TWEE MAANDEN: INZAMELEN

De kalender uit Gezer

Wat is nu de oudst bewaard gebleven Israëlitische tekst? Is dat de zogenaamde boerenkalender van Gezer of is dat de scherf (*ostracon*) uit ʿIzbet Ṣarṭah, gevonden in 1976 in Israël? Of geen van beide?

In het vorige hoofdstuk is reeds opgemerkt, dat men in Palestina aanvankelijk het Phoenicische schrift gebruikte, en dat pas in de negende eeuw locale varianten voorkwamen, die uitgroeiden tot afzonderlijke schrifttypen. Dat wil zeggen dat van vondsten vóór de negende eeuw op grond van het schrift niet kan worden gezegd, of het hier om een Israëlitische inscriptie gaat of niet.

Is dat nu zo wezenlijk? Handelt het hier niet om een vraagstuk van hetzelfde kaliber als het twistpunt of Laurens Janszoon Koster dan wel Gutenberg de boekdrukkunst heeft uitgevonden? Dat zou een verkeerde indruk zijn, want in feite gaat het hier om het probleem wanneer de Israëlieten zelf zijn gaan schrijven. En een antwoord op deze vraag is weer van groot belang voor de datering van de bronnen, die de auteurs van het Oude Testament hebben gebruikt, toen zij schreven over Israëls verleden. Deze (schriftelijke) bronnen kunnen immers niet ouder zijn dan de invoering van het schrift onder de Israëlieten.

Wanneer men van de gegevens in het Oude Testament zou kunnen uitgaan, was reeds Mozes de schrijfkunst machtig en kon in de tijd van de Richteren een willekeurige jongen uit Sukkot voor Gideon de namen van de 77 vorsten en oudsten van die plaats opschrijven (Ri. 8:14). Deze bijbelse passages zijn echter moeilijk in overeenstemming te brengen met de epigrafische gegevens: de tekstvondsten in dit gebied daterend uit de periode vóór de achtste eeuw zijn zeer gering in aantal.

Het is zeker gevaarlijk om bij archeologie te redeneren met een argument op grond van het ontbreken van bepaalde vondsten (*argumentum e silentio*): er kunnen immers nieuwe vondsten worden gedaan, die het gehele beeld wijzigen. In dit geval ligt dit echter weinig voor de hand: Israël is archeologisch gezien zeer goed onderzocht en het algemene beeld wijst er duidelijk op dat in Israël pas vanaf 800 v.Chr. het schrift op enigszins grote schaal werd gebruikt. Tot deze conclusie was overigens de bekende negentiende eeuwse geleerde Wellhausen op grond van oudtestamentische gegevens reeds gekomen. De profetieën van Elia zijn geen bijbelboek geworden, die van Jesaja wel, omdat – zo merkte Wellhausen op – het toen in Israël gebruikelijk was zaken op schrift te stellen en in de tijd van Elia nog niet.

Deze tegenstelling tussen een aantal bijbelteksten en de archeologische gegevens is echter minder belangrijk dan wellicht lijkt. De genoemde teksten stammen uit gedeelten van het Oude Testament, waarvan de schrijvers niet de bedoeling hadden geschiedenis vast te leggen zoals een historicus thans. Zij leefden zelf in een latere tijd, toen de schrijfkunst wel algemeen verbreid was, en zij bekommerden zich niet om de vraag, of dit ook in de vroegere tijden die zij beschreven, het geval was geweest. Als het in hun verhaal te pas kwam, dat iemand schreef, dan lieten zij hem ook schrijven – anachronisme of niet.

Om op grond van deze bijbelpassages de verbreiding van de schrijfkunst onder de Israëlieten vóór 800 v.Chr. aan te nemen, is dan ook methodisch onjuist. Men gebruikt de Schrift dan voor een doel, waarvoor zij niet is geschreven.

Uit het Oude Testament valt echter wel af te leiden, dat in de tijd van koning David schrijvers in dienst waren aan het hof (vlg. 2 Sam. 8:17 en 20:25). Hun namen luiden Seraja resp. Seja of Sewa; de tweede naam is waarschijnlijk Egyptisch en suggereert dat deze schrijver geen Israëliet van geboorte was. Dat ligt ook voor de hand: schrijvers waren buiten Israël een vast onderdeel van het personeel in dienst van de koning. Toen David een koninklijk hof in Israël introduceerde, heeft hij ook het instituut van hofschrijver van zijn buitenlandse voorbeelden overgenomen. Een lezer zal zich wellicht afvragen, waarom wij deze gegevens uit de Schrift nu wel voor historisch houden en het verhaal over de jongen uit Sukkot bijvoorbeeld niet. Dat komt omdat de passages waarin de hofschrijvers van David genoemd worden, ontleend moeten zijn aan oude annalen. Dit ziet men aan de stijl van deze passages, terwijl de geschiedenis in Richteren duidelijk een verhaal is, dat door de bijbelschrijvers zelf is ontworpen en geschreven. Wanneer aan het hof van David en Salomo schrijvers in dienst waren, gebruikten dan ook de Israëlieten buiten het hof het schrift of bleef dit een zaak van het paleis? Om die vraag te beantwoorden zijn archeologische tekstvondsten van groot belang. En zo keren wij terug naar het ostracon van 'Izbet Sarṭah en de boerenkalender van Gezer.

Het ostracon van 'Izbet Sarṭah

In 1976 werden tijdens de opgraving in 'Izbet Sarṭah, een plaatsje in de buurt van Afek, dat door de opgraver – zonder veel reden – aan het oudtestamentische Ebenezer wordt gelijkgesteld, twee scherven gevonden. Zij pasten aan elkaar en waren beschreven. Op dit ostracon staan 83 letters, die geen samenhangende tekst vormen, al vindt men er bijna het gehele alfabet op, geschreven van links naar rechts. Het gaat hier duidelijk om een schrijfoefening, niet om een tekst met een bepaalde inhoud. De vondst toont aan dat in de twaalfde eeuw v.Chr. te 'Izbet Sarṭah iemand een poging gedaan heeft het schrift te leren. Maar was die persoon een Israëliet?

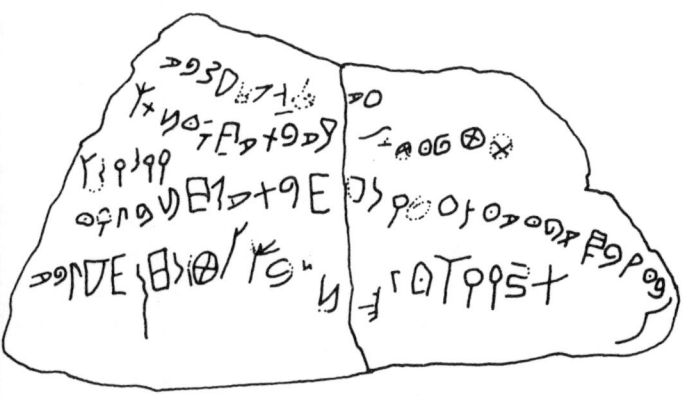

Afb. 2. Ostracon uit 'Izbet Sarṭah.

27

Volgens de opgraver, M. Kochavi, is deze vraag met ja te beantwoorden. De scherven werden in een silo gevonden behorend bij een huis, dat volgens hem door Israëlieten bewoond werd, gezien de plattegrond en het gebruikte aardewerk. Nu zijn zulke identificaties zeer riskant: volgens andere archeologen kan men niet zonder meer stellen dat dit type huizen en aardewerk uitsluitend bij Israëlieten zouden zijn voorgekomen, zodat het allerminst zeker is dat deze scherf inderdaad door een Israëliet is beschreven, en niet door bijvoorbeeld een Kanaäniet.

De kalender van Gezer

Ook van de kalender van Gezer kan men niet met zekerheid zeggen, of een Kanaäniet dan wel Israëliet hem geschreven heeft: schrift en datering laten beide mogelijkheden open. De datering van deze vondst is overigens een probleem apart. De kalender van Gezer werd in 1908 door R.A.S. Macalister gevonden tijdens zijn als opgraving gemaskeerde verwoesting van de archeologische resten van tell Jezer – het oudtestamentische Gezer. Macalisters wijze van opgraven was zo onnauwkeurig, dat hij slechts kon meedelen, dat het tablet van kalksteen (slechts 6,7-11,1 bij 7,2 cm groot) gevonden was in een laag, die van de 11e tot de 6e eeuw v.Chr. reikte. Met een dergelijke datering komt men niet ver: men zal het tablet daarom moeten dateren op grond van de vorm van de letters. Omdat de tekst waarschijnlijk door een onervaren hand is opgesteld, kan men dit slechts met enig voorbehoud doen. Men komt dan tot een datering kort vóór 900 v.Chr., d.w.z. in de tijd kort na de dood van Salomo.

Op grond van het schrift kunnen wij dus de vraag naar de ethnische herkomst van de schrijver niet beantwoorden. Ook de taal waarin de tekst geschreven is, geeft hierover geen uitsluitsel. Men heeft weliswaar gewezen op enige letters die in de kantlijn aan de tekst zijn toegevoegd en die men wel als 'BJ opvat. Men heeft voorgesteld om dit als Abijahu te lezen, een eigennaam die typisch Israëlitisch is. In dat geval zou dit tablet zeker als Israëlitisch kunnen worden beschouwd. De letters 'BJ kunnen echter ook 'abi betekenen, 'mijn vader', terwijl in Ugarit een ei-

gennaam 'abija voorkomt. Daarnaast bestaat er de mogelijkheid om de drie letters niet als 'BJ, maar als 'BG (alef,
bet, gimel) op te vatten. Dan is de schrijver alleen begonnen het Phoenicische alfabet op te tekenen, maar heeft hij
dat niet afgemaakt. Kortom, ook wat in marge is geschreven, geeft geen zekerheid.

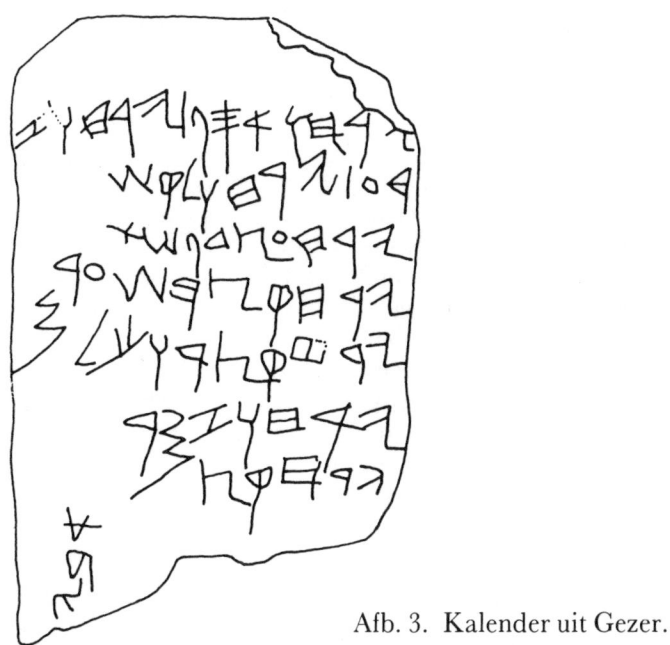

Afb. 3. Kalender uit Gezer.

Moeten wij de vraag of de kalender van Gezer de oudste
Israëlitische tekst is, open laten, de tekst zelf is interessant
genoeg. Voorzover leesbaar kan men deze kalender als
volgt vertalen, al dient men er rekening mee te houden,
dat over enkele détails van de interpretatie nog geen overeenstemming is onder de deskundigen:

> Twee maanden: inzamelen/Twee maanden:
> Zaaien/Twee maanden: *nagras*
> Eén maand vlassnijden
> Eén maand gersteoogst
> Eén maand oogsten en meten
> Twee maanden: (druiven) snoeien
> Eén maand zomervrucht.

29

De eerste vraag die deze tekst oproept is: met welke maanden stemmen deze aanduidingen overeen? In de tekst ontbreken immers de gebruikelijke namen voor de maanden. Op grond van de wijze waarop in de vorige eeuw in Palestina landbouw werd bedreven, kan men zich een vrij goed beeld vormen van de landbouw in het oudtestamentische tijdvak, omdat de methoden sindsdien maar beperkt gewijzigd waren. Dat is pas in deze eeuw anders geworden. Met die gegevens is het mogelijk om op deze vraag een antwoord te geven.

De kalender begint met twee maanden 'inzamelen', d.w.z. het oogsten van het zomerfruit, de druiven en de olijven, wat ongeveer van augustus tot november liep. De kalender begint dus in het najaar, zoals nu ook het joodse nieuwjaar in september valt. Het Oude Testament kent ook een nieuwjaar dat in de lente valt – vandaar dat het huidige joodse nieuwjaar valt op de eerste dag van de *zevende* maand (vgl. Lev. 23:24).

De schrijver van de Gezer-kalender ging in ieder geval uit van een jaar dat in augustus/september begon – vandaar dat hij zijn kalender niet met de maand, waarin gezaaid wordt, begint – wat logischer zou zijn geweest vanuit agrarisch standpunt bezien.

Na de twee maanden 'inzamelen' – het gaat hier om maan-maanden van 29 of 30 dagen – komen twee maanden met zaaien. De vroege regens zijn dan gevallen – met zaaien ging men door tot in januari (of zelfs februari). Dan volgen twee maanden 'nagras'. In het oorspronkelijke staat er LQŠ – een woord dat in Amos 7:1 voorkomt en dat in de NBG-vertaling 1951 met 'nagras' wordt weergegeven. Men is het er echter niet geheel over eens, of dit woord nu een laat zaaisel aanduidt, of gras dat groeit tijdens de late regens die vallen voordat het oogsten begint (maart-april). Met de telling van deze kalender komt men in het tweede geval wat moeilijk uit – volgens deze tekst zou LQŠ in januari/februari vallen. Vandaar het voorstel om niet 'nagras', maar 'laat zaaisel' te vertalen.

De volgende maand is bestemd voor het snijden van het vlas. De uitdrukking 'snijden' is in dit verband opvallend, omdat men gewoon was vlas uit de bodem te trekken, niet af te snijden. De oplossing voor dit probleem is waarschijnlijk de volgende: het gaat hier niet om het oogsten van vlas om er kleren van te maken, maar om de zaden te verzamelen die als voedsel kunnen dienen of waaruit olie kan worden geperst. Voor die doeleinden wordt vlas nl. wel gesneden.

Na het oogsten van het vlas komt de gerst aan de beurt, pas daarna de tarwe. Dat staat ook in Exodus 9:31-32 als een tussenopmerking in het verhaal over de plagen van Egypte: 'En het vlas en de gerst waren neergeslagen, immers de gerst stond in de aar en het vlas was in bloei. En de tarwe en de spelt waren niet neergeslagen, immers die komen later'.

De negende maand in zijn kalender duidt de schrijver aan met 'oogsten en meten'. Met oogst bedoelt hij de tarweoogst – de belangrijkste van de oogsten in het jaar, die half juni is afgelopen. 'Meten' – de vertaling is niet geheel zeker – duidt op het afmeten van het graan op de dorsvloer, een zeer belangrijke gebeurtenis – niet alleen voor de boer die nu kon zien hoeveel hij geoogst had, maar ook voor de schuldeisers en voor de ambtenaren, die de belasting kwamen innen in natura.

De volgende twee maanden worden gekenschetst als de tijd van het snoeien (van druivenranken). Dat is merkwaardig, aangezien men niet bij voorkeur in de zomer zal snoeien, tenzij een tweede snoeiing bedoeld is om het oogsten van de druiven in de komende maanden te vergemakkelijken. De laatste regel spreekt van zomervrucht, waarmee vijgen, granaatappelen e.d. worden bedoeld.

Schrijfoefening

Nu wij de tekst met zijn bijzonderheden hebben doorgelopen, zal de vraag gesteld moeten worden, wat de auteur met deze inscriptie (thans in het archeologisch museum te Istanbul) heeft beoogd. Hierbij geeft het feit, dat het tablet reeds eerder moet zijn gebruikt – nog vaag zijn sporen van vroegere letters te zien – een aanwijzing in welke richting wij moeten zoeken, nl. in de richting van de wereld van de oudoosterse schrijversscholen. Op grond ook van de bijzondere vorm van het tablet, waardoor het makkelijk in de hand ligt en het kon worden opgehangen, mag men aannemen, dat het als een soort van lei heeft gefunctioneerd.

Gebruik van het schrift maakt bijzonder onderricht noodzakelijk. Terwijl de prehistorische mens zijn kinderen zelf de vaardigheden leerde, die noodzakelijk waren om in leven te blijven, moesten de kinderen in Egypte en Mesopotamië door leraren worden onderricht in de schrijfkunst. Uit beide genoemde gebieden zijn teksten overgeleverd, die het mogelijk maken zich een redelijk gedetailleerd beeld te vormen over de onderwijspraktijk. Want zoals men nu nog in schoolboeken leesteksten vindt, waarin de kinderen – alsof het al niet erg genoeg is om op school te zitten – nog worden vergast op onderwerpen als 'Peter at school', achtte men ook in de Oudheid het schoolleven een bijzonder geschikt onderwerp voor lesmateriaal.

Eén van de favoriete thema's is daarbij straf en hoe die te voorkomen. In deze scholen ging het zeker niet zachtzinnig toe, getuige deze weinig kind-vriendelijke uitspraak: 'De oren van de leerling zitten op zijn rug.' Dit citaat komt uit een Egyptische schrijfoefening. Een Sumerische tekst is enigszins subtieler. Hierin wordt de leerling aangeraden, wanneer hij met zijn leraar op gespannen voet staat, deze door zijn vader te laten uitnodigen en fêteren. Enige gepaste geschenken en vriendelijkheden kunnen een verstoorde relatie tussen leraar en leerling immers weer snel in het reine brengen.

Maar niet alleen het leven op school, ook andere onderwerpen kwamen aan de orde. In Mesopotamië had men een grote voorliefde voor lijsten van woorden en namen, thematisch gerangschikt. Zo leerde men niet alleen schrijven, maar ook de namen van bomen, dieren, steden, landen, stenen en mineralen. Bij de Egyptische schrijfoefeningen valt vooral het grote aantal moraliserende teksten op. Daarnaast oefende men zich door het overschrijven van model-brieven of humoristische persiflages daarvan. Dit laatste type teksten gaf de leerlingen tussen de stokslagen en zedepreken door gelegenheid eens te lachen.

Gezien tegen deze achtergrond ligt het voor de hand om aan te nemen, dat ook de kalender van Gezer een schrijfoefening is, waarin als algemeen vormend onderwerp een opsomming van de werkzaamheden van een boer is gekozen. De romantische verhalen die men over deze kalender heeft verteld: een eenvoudige boerenzoon zou op dit tablet de werkzaamheden hebben vastgelegd die het jaar door op zijn boerderij plaatsvonden, zijn dus misplaatst. De schrijver van de Gezer-kalender was waarschijnlijk niet voorbestemd om boer, maar om schrijver te worden.

En schrijver in die tijd hield een functie in, die men het beste met het huidige ambtenarenapparaat kan vergelijken. Voor aankomende ambtenaren was het zeker niet onnuttig om te weten, wat de boeren zo al op het veld deden. Dan konden zij het juiste tijdstip kiezen om de belastingen in te zamelen die toen in natura werden geïnd. Juist in de tiende eeuw kwam er in Israël een georganiseerd systeem van belastingen en herendiensten op gang. Een boerenzoon leerde wel op een andere manier hoe men het land moet bewerken: die werkte van jongs af aan met zijn vader mee.

De kalender van Gezer staat dus op één lijn met het ostracon uit 'Izbet Ṣarṭah – het zijn beide getuigenissen van het onderricht in het schrijven, zoals dat in het oude Kanaän moet hebben plaats gevonden, maar waarover maar weinig bekend is – in tegenstelling tot Egypte en Mesopotamië. Zij zijn de voorlopers van latere schrijfoefeningen, die dit maal in duidelijk Israëlitische context zijn teruggevonden en die in de tweede helft van de koningstijd gedateerd kunnen worden. Deze teksten voornamelijk geschreven op ostraca, maar bijvoorbeeld ook wel op de trede van een trap, bestaan meestal uit een aantal letters in alfabeti-

Afb. 4. Leeuw ingekrast op trap van het fort te Lakis. Rechts: letters in oud-Hebreeuws schrift, o.m. de eerste vijf van het alfabet (Lemaire, Les Écoles, p. 13).

33

sche volgorde, soms aangevuld door tekeningetjes – zoals kinderen dat nu nog doen (en volwassenen tijdens vergaderingen) en waarvan hier een fraai voorbeeld is afgedrukt (zie afb.4). Zulke schrijfoefeningen zijn o.m. in Lakis, Kades Barnea en Kuntillet 'Adzjrud teruggevonden. Door deze tekstvondsten krijgen wij toch enig beeld van het schrijfonderricht in het oude Israël, een onderwerp waarover het Oude Testament opvallend zwijgzaam is.

3. KEMOS WAS VERTOORND OP ZIJN LAND

De steen van Mesa

In de loop der tijden heeft de rivier de Arnon (tegenwoordig de Wadi el-Mudzjib) zich een diep dal in de hoogvlakte van Jordanië uitgesneden. Reizigers die de koninklijke heirbaan, de grote noord-zuid route in het Overjordaanse, volgden, daalden hier via een slingerpad de steile helling af om aan de overzijde van de rivier weer honderden meters op dezelfde wijze te stijgen. Zo gaat het nu nog steeds, al bedekt asfalt de oude wegen.

Even ten noorden van deze natuurlijke barrière ligt het dorpje Dhiban, een naam die herinnert aan het bijbelse Dibon, de hoofdstad van koning Mesa van Moab. Juist buiten de hedendaagse nederzetting ligt de ruïneheuvel, die men met Dibon heeft geïdentificeerd. Resten van stenen muren zijn nog duidelijk te herkennen, maar wat men ziet is niet uit de tijd van Mesa (negende eeuw v.Chr.), maar uit een latere periode. Van de stad van koning Mesa is weinig teruggevonden tijdens de verschillende archeologische campagnes, die hier door de Amerikanen sinds de Tweede Wereldoorlog zijn ondernomen. Toch is koning Mesa door een archeologische vondst beroemd geworden.

De Moabieten

Men mag aannemen, dat de Moabieten aan de Israëlieten nauw verwant zijn geweest. Hun taal verschilt weinig van het Hebreeuws en hun sterke verbondenheid met hun stamgod Kemos roept associaties met de Israëlitische religie op. De naam Moab komt voor het eerst voor in Egyptische teksten uit de tijd van de bekende pharao Ramses II. Tijdens de tumultueuze gebeurtenissen bij de overgang van de 13e naar de 12e eeuw v.Chr., toen groepen uit het Aegeïsche gebied, die door de Egyptenaren de Zeevolken genoemd werden, het wankele evenwicht in West-Azië volledig verstoorden, hebben de Moabieten kans gezien blijvend een gebied onder contrôle te krijgen. Op dezelfde wijze worden de Edomieten, Ammonieten en Israëlieten juist in deze tijd als nieuwe volkeren traceerbaar. Het gebied van de Moabieten lag in principe tussen de Arnon en de 'beek' Zered, tegenwoordig de Wadi el-Hasa. Beek is een zwakke uitdrukking: het rivierdal van de Wadi el-Hasa is nog indrukwekkender dan dat van de Wadi el-Mudzjib.

De expansie van de Moabieten richtte zich echter op het noorden. Dit bracht hen onvermijdelijk in conflict met de Israëlieten, die een deel van het gebied ten noorden van de Arnon als hun erfdeel beschouwden. Hoe diep de haat tussen beide volkeren was, blijkt uit de vele profetieën tegen Moab, die men in het Oude Testament aantreft (Jes. 15 en 16; 25:10-12; Jer. 48:1-47; Ez. 25:8-11; Amos 2:1-3; Sef. 2:8-11). Het blijkt ook uit het verbod om Moabieten in de gemeente van jhwh op te nemen (Deut. 23:3; vgl. Neh. 13:1), al is volgens Ruth 4:22 juist koning David van deels Moabitische afkomst.

De antipathie van de Israëlieten voor dit nabuurvolk wordt het duidelijkst, wanneer men het verhaal over Lot en zijn dochters leest (Gen. 19:30-38). Want hoewel in deze geschiedenis erkend wordt, dat de Israëlieten en Moabieten via Lot aan elkaar verwant zijn, blijken de laatsten een stamvader te hebben, die wel onder zeer twijfelachtige omstandigheden verwekt is. De steun, die de Moabieten blijkens 2 Kon. 24:2 aan de Babyloniërs gegeven hebben, toen hun legers in 598 v.Chr. Juda teisterden, zal aan het ontstaan van deze scabreuze geschiedenis niet vreemd zijn. Wanneer men naar historiciteit vraagt, zal men deze tekst evenals de verhalen over de strijd tegen koning Sichon van Chesbon (Num. 21:21-30) en het optreden van Bileam (Num. 22-25; zie verder hieronder hoofdstuk 6) beter buiten beschouwing kunnen laten. Ook het verhaal over de Moabitische koning Eglon voert ons nog niet in de geschiedenis (Ri. 3:12-30). Wel mag men ervan uitgaan, dat de Moabieten ten tijde van David aan Israël onderworpen werden. Toen Salomo omstreeks 927 v.Chr. (over de jaartallen van de Israëlitische koningen bestaat overigens de nodige discussie) stierf en zijn rijk in twee delen uiteenviel, zal voor de Moabieten het tij gekeerd zijn en hebben zij hun onafhankelijkheid hersteld, al ontbreken hierover nadere gegevens.

De vondst

In 1868 werd aan een Duits zendeling uit Jeruzalem, Klein genaamd, door zijn Arabische gids te Dhiban een zwart basalten steen van 1.15 m. hoog en 60-68 cm. breed getoond. Er stond een tekst op, die nog niemand had kunnen ontcijferen, werd Klein verzekerd. Hij begreep ogenblikkelijk dat het hier om een belangrijke vondst ging en hij waarschuwde de Pruisische consul. Deze toonde belangstelling, maar ook Engelsen en Fransen die over de stêle gehoord hadden, deden moeite de steen te verwerven. Zoveel interesse voor een steen kwam de plaatselijke bevolking verdacht voor en zij kwamen tot de conclusie, dat er met de steen iets bijzonders aan de hand moest zijn. De steen werd verhit, er ging koud water overheen en door de plotselinge afkoeling lag de steen in brokstukken. Had men er een schat in verwacht, dan kwam men teleurgesteld uit; maar de fragmenten konden wel als amuletten dienst doen in graanopslagplaatsen – de bijzondere kracht van de steen stond daar garant voor.

Bijna was deze zeer belangrijke tekst zo verloren gegaan, ware het niet dat een ambitieuze jonge Fransman Charles Clermont-Ganneau eerder afdrukken van de steen had laten maken. Hij wist bovendien ongeveer twee-derde van de oorspronkelijke steen – in fragmenten weliswaar – in handen te krijgen. De brokstukken kwamen via Jeruzalem in het Louvre te Parijs terecht, waar de steen weer in elkaar werd gezet en op grond van de afdrukken werd aangevuld (zie afb.5). Met het al heeft de tekst enigszins geleden (vooral het slot). Toch is zij voor het merendeel zonder meer te lezen. Hier volgt een vertaling:

Ik ben Mesa, de zoon van Kemos [- Jat], de koning van Moab, de Diboniet. Mijn vader was koning over Moab dertig jaar, en ik was koning na mijn vader, en ik maakte deze hoogte voor Kemos in Kericho... Hij heeft mij immers verlost van alle... en hij heeft mij immers doen neerzien op al mijn vijanden.

Omri was de koning van Israël, en hij verdrukte Moab vele dagen, immers Kemos was vertoornd op zijn land. En zijn zoon volgde hem op, en hij zei – ook hij – Ik wil Moab verdrukken! In mijn dagen zei hij [zo], maar ik zag op hem neer en op zijn huis, en Israël is te gronde, ja het is te gronde gegaan voor eeuwig! En Omri had in bezit genomen het geh[ele lan]d Medeba, en hij zat

daar (in) zijn dagen en de helft van de dagen van zijn zoon, veertig jaar, maar Kemos deed het in mijn dagen [terugke]ren.
En ik bouwde Baäl Meon, en ik maakte erin het waterreservoir, en ik bou[wde] Kirjaten.

Afb. 5. Steen van Mesa.

En de man(nen) van Gad zat(en) in het land Atarot van eeuwigheid af, en de koning van Israël bouwde voor zichzelf Atarot, en
ik vocht tegen de stad, en ik nam haar in, en ik doodde geheel
het volk... van de stad als *offer* voor Kemos en voor Moab, en ik
deed terugkeren vandaar de vuurhaard van zijn *oom*, en ik
[sl]eepte die voor het aangezicht van Kemos in Keriot, en ik
deed daar de man(nen) van Saron wonen en de man(nen) van
Maharit.

En Kemos zei tot mij: Ga, neem Nebo op Israël; en ik ging in de
nacht, en ik streed ertegen van het aanbreken van de dageraad
tot de middag, en ik nam het, en ik doodde alles [ervan], zevenduizend m[annen] en... en vrouwen en... en dienstmaagden;
immers, voor Astar Kemos had ik het met de ban geslagen. En
vandaar nam ik... van jhwh, en ik sleepte deze voor het aangezicht van Kemos.

En de koning van Israël had gebouwd Jahas, en hij zat daar in
zijn strijden tegen mij, en Kemos verdreef hem van voor [mijn]
aangezicht, [en] ik nam van Moab tweehonderd man, geheel zijn
divisie, en ik bracht deze in Jahas, en ik heb het genomen om het
toe te voegen aan Dibon.

Ik heb gebouwd Kericho, de muur van de bossen en de muur
van de citadel, en ik heb gebouwd zijn poorten, en ik heb gebouwd zijn torens, en ik heb gebouwd het huis van de koning, en
ik heb gemaakt *het tweevoudige reser[voir voor de br]on* in het binne[n-
ste] van de stad. En er was geen put in het binnenste van de stad,
in Kericho, en ik zei tot geheel het volk: Maakt u een ieder een
put in zijn huis! En ik *groef de grachten* voor Kericho door middel
van Israëlitische gevangenen.

Ik heb gebouwd Aroër, en ik maakte de heirbaan in de Arnon.
Ik heb gebouwd Bet Bamot, immers dat was verwoest. Ik heb
gebouwd Bezer, immers [het lag in] ruïnes.
[En de ma]n(nen) van Dibon stond(en) in slagorde, immers geheel Dibon, dat waren onderdanen. En ik ben de koning [over
de...] honderd in de steden, die ik heb toegevoegd aan het land,
en ik heb gebouwd [Mede]ba en Bet Diblaten en Bet Baäl Meon,
en ik bracht daar... kleinvee van het land.

En Hauranen, daar woonde... Kemos zei tot mij: Daal af, strijd
tegen Hauranen! En ik daalde af... [en] Kemos [woont] daar in
mijn dagen... vandaar...

Twee andere inscripties

Sindsdien zijn er in dit gebied nog twee inscripties gevonden, die mogelijk van Mesa stammen. Helaas zijn zij zeer
fragmentarisch. In 1951 werd in Dhiban de eerste van de-

ze twee gevonden. Op het brokstuk kan men nog lezen:

Het huis van Ke[mos].

De tweede werd in 1958 in Kerak (het bijbelse Kir-Chare-set) gevonden. Het gaat hier om een afgebroken stuk van wat waarschijnlijk een standbeeld met daarop een inscriptie is geweest. Althans men meent in de merkwaardige vorm van de steen de geplooide zoom van een gewaad te herkennen (zie afb. 6). In deze inscriptie wordt Kemos-Jat (of Kemos-Jatti), de vader van Mesa, genoemd. Dat

Afb. 6. Moabitische inscriptie uit Kerak (uit ZDPV 80 [1964], 170).

behoeft nog niet te betekenen, dat het hier om een inscriptie van Mesa's vader gaat, want Kemos-Jat wordt immers ook in de eerste regel van de steen van Mesa genoemd. Mogelijk moet men de tekst als volgt vertalen:

[Ik ben Mesa, de zoon van Ke]mos-Jat, de koning van Moab,...
... Kemos voor een *brandplaats*, want...
... en zie, ik maakte...

Helaas is van deze bouwinscriptie niet veel meer te maken.

Voor de inscripties van Mesa zijn schrifttekens gebruikt, die overeenkomen met wat in Israël in die periode gebruikelijk was. Het is niet onwaarschijnlijk, dat Moab in deze tijd onder een sterke culturele invloed vanuit Israël stond en dat men schrijvers uit dit gebied heeft aangetrokken. De taal van de inscriptie is waarschijnlijk niet Hebreeuws, maar Moabitisch. Deze taal verschilt overigens weinig van het Hebreeuws. In dit type schrift worden klinkers, zoals gezegd, in principe niet aangegeven. Daarom is in bovenstaande vertalingen de weergave van klinkers in namen onzeker. Waar het mogelijk was, heb ik de weergave, bekend uit de bijbelvertalingen, gebruikt.

Het schrift is van hoge kwaliteit en woorden respectievelijk zinnen zijn door speciale tekens van elkaar gescheiden, hetgeen de interpretatie vereenvoudigt. Bij de vertaling was het helaas niet mogelijk om aan te geven, dat in deze inscriptie het persoonlijk voornaamwoord 'ik', dat in de Semitische talen vrij zelden wordt gebruikt, opvallend veel voorkomt. Zo wilde men grote nadruk leggen op de persoon en de prestaties van Mesa.

Toelichting bij de tekst

Op het eerste gezicht lijkt de tekst van de Mesa-steen het meest op een snoevend overwinningsbericht, waarin wordt verhaald hoe men de Israëlieten op de knieën heeft gekregen. Men moet zich dan wel verbazen over het voorkomen van enkele losse opmerkingen over andere belangrijke daden van de koning en over het gebrek aan samenhang van de tekst.

Bij nader toezien blijkt de tekst toch beter in elkaar te zitten. Bovendien is het van belang te weten, dat het hier niet om een overwinningsbericht gaat, zoals men tot voor kort aannam, maar om een bouwinscriptie. Bouwinscripties zijn in het gehele Nabije Oosten aangetroffen. De bedoeling ervan is de naam van de bouwer in de herinnering te bewaren, niet alleen bij de mensen, maar ook bij de goden, want meestal gedenken zij de bouw van een heiligdom. De oorspronkelijke eenvoudige inscripties, waarin de bouwer zijn naam en zijn bouwactiviteit vermeldt, zijn in de loop van de tijd uitgegroeid tot omvangrijke verhalen over de grote daden van de koning, die het heiligdom liet verrijzen of restaureren. Kennelijk was de kans om nog meer voortreffelijke daden op te sommen voor deze vorsten te aanlokkelijk om te laten lopen.

Ook de steen van Mesa is zo'n bouwinscriptie. In feite gaat het erom, dat hij 'deze hoogte voor Kemos in Kericho' bouwde, maar deze mededeling valt nauwelijks meer op in de veelheid van geweldige prestaties die Mesa weet te memoreren. Op ons komt dit alles weinig sympathiek over, maar het was in die tijd de gewoonte.

Tot die gewoonte behoorde ook, dat de koning zich allereerst introduceerde als wettig vorst – Mesa doet dit door van zijn vader te zeggen, dat hij al koning van Moab was. Mesa was dus geen usurpator, die zich met geweld van de troon heeft meester gemaakt, maar hij stamde uit een koninklijk geslacht. Vervolgens vermeldt hij, waarom deze steen werd opgericht, nl. om de bouw van een heiligdom in Kericho (waarschijnlijk een nieuwe wijk van de hoofdstad Dibon) te gedenken. Zo'n heiligdom wordt (evenals in het Oude Testament het geval is) met 'hoogte' aangeduid. Op die hoogte heeft waarschijnlijk ook de steen van Mesa gestaan om de naam van deze koning voor eeuwig in herinnering te houden bij de god Kemos en het volk der Moabieten.

Dit heiligdom heeft Mesa gebouwd na zijn grote overwinning op zijn vijanden, omdat naar zijn overtuiging het de god Kemos was die hem de verlossing had gebracht.

Het is één van de interessantste aspecten van deze inscriptie, dat de ideeënwereld zo sterk op die van het Oude Testament lijkt. Daarvan is deze passage een duidelijk voorbeeld: zoals de God van Israël wordt geprezen, omdat Hij Zijn volk uit de hand van de vijanden heeft verlost, zo wordt hier Kemos verheerlijkt die Mesa heeft verlost van al zijn tegenstanders.

Het behoort ook tot de gewoonte, dat in zulk soort teksten een schildering wordt ingelast van de onfortuinlijke omstandigheden, waaronder de koning zijn regering begon. Hoe faillieter de boedel die hij van zijn voorganger overnam, hoe grootser zijn eigen prestatie. Toen Mesa begon, werd Moab verdrukt door Israël; maar nu is Israël te gronde gegaan voor eeuwig. Dat laatste is natuurlijk sterk overdreven: in feite is Mesa er alleen in geslaagd om een eind te maken aan de schatplichtigheid van Moab aan Israël en heeft hij het land Medeba (zie kaart, afb. 7) heroverd. Maar zulk soort overdrijvingen horen bij de stijl van dit soort teksten, zoals nu Iran en Irak tegelijkertijd gigantische overwinningen op elkaar claimen.

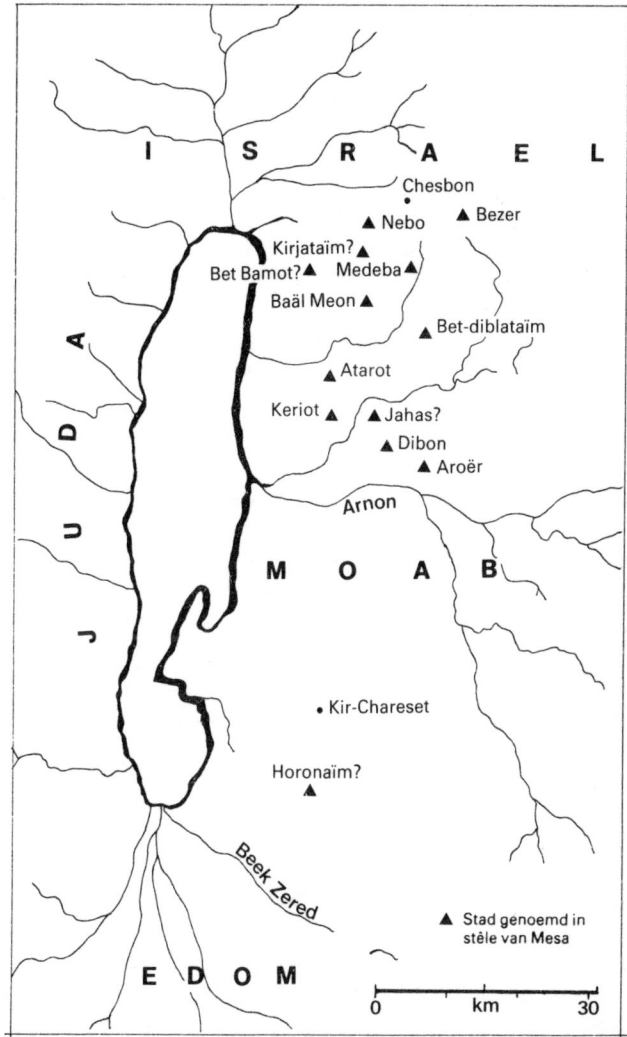

Afb. 7. Het gebied van Moab.

Vervolgens na een korte opmerking over bouwwerkzaamheden in twee plaatsen in dit gebied rond Medeba (Baäl Meon en Kirjataïm) volgt een drieluik van militaire overwinningen: Atarot, Nebo en Jahas. Dit waren kennelijk de drie belangrijkste steunpunten van de koning van Israël in dit gebied, vanwaaruit Moab onder contrôle werd gehouden. De volgorde waarin de drie genoemd worden is opvallend, wanneer men deze plaatsen op de kaart opzoekt. Het lijkt weinig waarschijnlijk, dat dit een chronologische volgorde is, want dan zou Mesa een zeer riskante strategie hebben gevolgd, aangezien Jahas het dichtst bij Moab ligt en de koning van Israël zo gemakkelijk de aanvoerlijnen van Mesa's troepen zou hebben kunnen afsnijden.

Aan de verovering van deze plaatsen besteedt de schrijver, die in Mesa's dienst stond, relatief gezien de meeste aandacht. Hij verraadt hier ook zijn talent, want iedere verovering wordt op een andere wijze beschreven. Vooral de strijd tegen Nebo wordt levendig beschreven en op een manier, die weer sterk aan het Oude Testament doet denken. Zo zegt God in 1 Samuel 15:3:

> Nu dan, ga en gij zult Amalek slaan en jullie moeten met de ban slaan alles wat van hem is!

In de steen van Mesa is Kemos aan het woord:

> Ga, neem Nebo op Israël!

Daarna concentreert de schrijver zich op de bouwactiviteiten van Mesa: Kericho, Aroër, de heirbaan in de Arnon, Bet Bamot, Bezer, Medeba, Bet Diblataïm, Bet Baäl Meon – voor de vermoedelijke ligging van deze plaatsen zie afb. 7. Wanneer Mesa zegt, dat hij een plaats gebouwd heeft, betekent dat meestal, dat hij daar gebouwd en vooral herbouwd heeft. Het ging voornamelijk om militaire bouwactiviteiten. Er moesten nieuwe verdedigingsmuren met torens en poorten komen, en er moesten waterreservoirs worden aangelegd – dit alles om een eventueel beleg te weerstaan. Vooral de watervoorziening was een belangrijk punt in de oorlogsvoering, zoals nog in hoofdstuk 5 zal blijken.

Een goede infrastructuur was natuurlijk ook noodzakelijk om troepen snel te kunnen verplaatsen. In het begin van dit hoofdstuk werd er reeds op gewezen, dat de Arnon een belangrijk obstakel voor het doorgaande verkeer vormt:

vandaar dat Mesa hier een heirbaan liet aanleggen. Verder moest ook de oorlogsschade worden hersteld en daar waar de oorspronkelijke Israëlitische bevolking was uitgeroeid, moesten nieuwe bewoners uit andere streken van Moab worden aangevoerd.

Na deze passage over Mesa's vele bouwverrichtingen komt er weer een beschrijving van een militaire actie, dit maal niet in het gebied ten noorden, maar ten zuidwesten van Moab (tenminste wanneer Hauranen dezelfde plaats is als het bijbelse Horonaïm). Waarschijnlijk was Hauranen toen een Edomitische plaats, maar de stêle is hier te sterk beschadigd om de détails van het bericht nog te kunnen begrijpen. Aan het niet meer bewaard gebleven slot van de Mesa-steen heeft waarschijnlijk een vervloekingsformule gestaan bestemd voor wie de steen zou beschadigen. De geschiedenis vermeldt niet of de inwoners van Dhiban, die de steen van Mesa in stukken hebben laten springen, nog door de vloek van de koning zijn getroffen.

De rol van Kemos

Er is al op gewezen, dat de wijze waarop in deze tekst over de nationale Moabitische god Kemos wordt gesproken, sterk herinnert aan het Oude Testament. Eerst was Kemos vertoornd op zijn land, waardoor Israël de mogelijkheid kreeg om Moab te verdrukken. Maar in de tijd van Mesa is Kemos' houding veranderd: hij leidt de operaties om de macht van Moab uit te breiden. Uit dankbaarheid bouwt Mesa niet alleen een heiligdom voor Kemos, maar hij geeft oók zijn oorlogsvoering een ritueel karakter. De behaalde buit uit Atarot en Nebo wordt 'voor het aangezicht van Kemos' gesleept, dat wil zeggen naar zijn tempel gebracht. De Israëlitische bevolking wordt bovendien uitgeroeid als offer voor Kemos.

Zo wordt ook in het Oude Testament gesproken over de toorn van God, die ertoe leidt dat Israël door vijanden wordt overweldigd; zo wordt er ook gesproken over leiders die met Gods hulp het volk verlossen, waarbij de vijandelijke bevolking wordt uitgeroeid om plaats te maken voor het volk van God.

De parallellie is opvallend. Nu moet hierbij worden aan-

45

getekend, dat men in de Oudheid er algemeen van uit-
ging, dat de goden betrokken waren in de oorlogen tussen
mensen. Wie de dichtwerken van Homerus kent, zal dit
beamen. Strijd op aarde betekent ook strijd in de hemelse
gewesten, waar de nationale goden met elkaar in het
strijdperk treden en zo nodig naar de aarde afdalen om
het pleit te beslechten. Wanneer een god niet sterk genoeg
is, lijdt zijn volk de nederlaag en kunnen zij gezamenlijk
een klaagzang aanheffen.
Daar waar echter de verbondenheid met de godheid zeer
groot is, kan de gelovige het niet aanvaarden, dat zijn (of
haar) godheid zwakker zou zijn dan de goden van de andere volkeren. Zijn (of haar) god is zo machtig, dat hij of
zij geen nederlaag kan leiden. Wanneer men dan de overwinning toch niet behaalt, moet dit het gevolg zijn van het
feit dat de godheid zo vertoornd was op het eigen volk, dat
steun uitbleef. Men moet de godheid weer verzoenen,
waarna de overwinning niet ver meer zal zijn.

Rituele oorlogsvoering

Hoewel deze ideeën over de rol van de godheid in de oorlog vrij algemeen waren in de Oudheid, lijkt de oud-Israë-
litische visie toch het meeste op die welke men in de Mesa-
steen aantreft. Dat geldt ook voor de wijze van oorlogsvoering. Hoewel men natuurlijk ook utilistische redenen had
voor de afschuwelijke slachtingen die werden aangericht,
worden deze in de teksten gepresenteerd als pogingen om
de toorn van de godheid te stillen of als uitvoering van zijn
bevelen. Zij hebben daarom een ritueel karakter, zoals
reeds werd opgemerkt.
Opvallend hierbij is dat Mesa de bewoners van Nebo met
de *ban* slaat, omdat dit ritueel ook in het Oude Testament
wordt genoemd (vgl. Num.21:2v; Joz. 10:28-40; Richt.
1:17; 21:11; 1 Sam. 15:3; 1 Kon. 20:42). Men heeft zich
wel afgevraagd in hoeverre de ban door de Israëlieten ook
reëel is uitgevoerd. De steen van Mesa kan een aanwijzing
zijn, dat de betreffende oudtestamentische verhalen en
voorschriften niet alleen teruggaan op een fantasie over
een 'heilige oorlog', maar dat men in enkele gevallen inderdaad de bevolking van een vijandige stad in zijn geheel

aan de God van Israël heeft gewijd, in de zin van: gedood. De zevenduizend inwoners van Nebo werden door Mesa in ieder geval aan dit wrede ritueel onderworpen, ter ere van Astar Kemos, een combinatie van de god Astar (mannelijk van Astarte) en Kemos.

De ban wordt niet genoemd bij de beschrijving van de uitroeiing van Atarot. Hier gebruikt de schrijver een andere term, die mogelijk 'offer' betekent – in ieder geval gaat het hier ook om een ritueel. Voor de juiste interpretatie van de oudtestamentische passages, waarin zulke wrede rituelen worden genoemd, is het van belang voor ogen te houden, dat zulk een rituele oorlogsvoering in die tijd ook buiten Israël gebruikelijk was.

Interessant is het om te lezen dat volgens Mesa de mannen van Gad van eeuwigheid af in Atarot woonden. Dit suggereert dat Mesa niet op de hoogte was van de oudtestamentische traditie dat Gad als één van de Israëlitische stammen aan de Uittocht van Egypte heeft deelgenomen. Is dit het gevolg van een gebrekkige kennis bij Mesa of was de stam Gad inderdaad niet bij de Exodus betrokken, maar heeft men altijd in het Overjordaanse gewoond? Een interessant probleem dat nauw samenhangt met het gehele vraagstuk van de herkomst van de Israëlieten, maar dat hier niet nader kan worden uitgewerkt.

De tegenaanval van Joram

De Israëlieten hebben Mesa's acties niet gelaten over zich heen laten gaan, al krijgt men uit de Mesa-steen de indruk, dat zij zich voornamelijk lieten afslachten.

In 2 Koningen 3:6-27 wordt over een grootscheepse expeditie gesproken die de Israëlitische koning Joram (851-845) samen met zijn Judese collega Josafat (868-847) en een niet nader genoemde koning van Edom (dat in deze tijd kennelijk weer onafhankelijk was geraakt; vgl. echter 1 Kon. 22:48!) heeft ondernomen om Mesa weer tot onderwerping te dwingen. Hier volgt het verhaal in Koningen:

> En Mesa, de koning van Moab, was schapenfokker en hij droeg af aan de koning van Israël honderdduizend lammeren en honderdduizend woldragende rammen. En het geschiedde toen

Achab gestorven was, dat de koning van Moab afvallig werd van de koning van Israël.

Koning Joram trok op die dag uit Samaria en hij monsterde geheel Israël. En hij ging, en hij zond (boden) naar Josafat, de koning van Juda, zeggende: De koning van Moab is afvallig geworden van mij. Gaat gij met mij naar Moab om te strijden? En hij zei: Ik zal optrekken. Zoals ik zijt gij; zoals mijn volk is uw volk, zoals mijn paarden zijn uw paarden. En hij zei: Langs welke weg zullen wij optrekken? En hij zei: De weg door de woestijn van Edom.

En de koning van Israël ging, en de koning van Juda en de koning van Edom, en zij trokken rond over de weg gedurende zeven dagen en er was geen water voor het legerkamp en voor de dieren, die in hun voetstappen traden. En de koning van Israël zei: Ach, voorwaar! JHWH heeft deze drie koningen geroepen om hen in de hand van Moab te geven. En Josafat zei: Is hier niet een profeet van JHWH, zodat wij JHWH kunnen raadplegen door hem. En één van de knechten van de koning van Israël antwoordde en zei: Hier is Elisa, de zoon van Safat, die water uitgoot over de handen van Elia. En Josafat zei: Met hem is het woord van JHWH. En tot hem daalden de koning van Israël en Josafat en de koning van Edom af.

En Elisa zei tot de koning van Israël: Wat is er tussen mij en tussen u? Ga naar de profeten van uw vader en naar de profeten van uw moeder! En de koning van Israël zei tot hem: Neen, want JHWH heeft deze drie koningen geroepen om hen te geven in de hand van Moab. En Elisa zei: Bij het leven van JHWH der Heerscharen in Wiens dienst ik sta, voorwaar! indien ik geen rekening hield met Josafat, de koning van Juda, zou ik dan naar u kijken en zou ik u zien? Welnu dan, neemt mij een citerspeler. En het was wanneer de citerspeler speelde, dat de hand van JHWH op hem kwam.

En hij zei: Zo zegt JHWH: Men make in dit dal greppels, ja greppels. Immers zo zegt JHWH: jullie zullen geen wind zien, en jullie zullen geen regen zien, maar dit dal zal gevuld worden met water en jullie zullen drinken, jullie en jullie dieren en jullie vee. En dit is licht in de ogen van JHWH: Hij geeft Moab in jullie hand. En jullie zullen iedere vestingstad verslaan, en iedere uitgelezen stad, en iedere goede boom zullen jullie vellen en alle waterbronnen zullen jullie dichtstoppen, en ieder goed stuk land zullen jullie met stenen bederven.

En het geschiedde op de (volgende) morgen, op het tijdstip dat men het offer brengt, en zie water kwam van de weg naar Edom en de aarde werd gevuld met het water.

En geheel Moab hoorde dat de koningen waren opgetrokken ten

strijde tegen hen en zij werden opgeroepen vanaf een ieder die de gordel kon omgorden en daarboven, en zij stelden zich op bij de grens. En zij stonden in de morgen vroeg op en de zon kwam op boven het water en Moab zag aan de overkant het water rood als bloed. En zij zeiden: Bloed is dit! Verdelgd ja verdelgd hebben elkaar de koningen en zij hebben elkaar verslagen, een man zijn naaste. Welnu dan, naar de buit, Moab!

En zij kwamen naar het kamp van Israël, maar Israël stond op en zij versloegen Moab en zij vluchtten van voor hun aangezicht, en zij *kwamen steeds verder terwijl* zij Moab versloegen. En de steden vernietigden zij, en op ieder goed stuk land wierp een ieder zijn steen en zij vulden het (daarmee), en iedere waterbron stopten zij dicht en iedere goede boom velden zij, totdat men (alleen) in Kir-Chareset de stenen ervan had over gelaten. En de slingeraars omsingelden het en zij bestookten het.

En de koning van Moab zag dat de strijd hem te sterk werd en hij nam met zich zevenhonderd man, die het zwaard konden trekken om door te breken naar de koning van Edom, maar zij konden het niet. En hij nam zijn zoon, de eerstgeborene, die koning zou worden in zijn plaats en hij deed hem opgaan als brandoffer op de muur. En er ontstond een grote toorn over Israël en zij braken op van hem vandaan en zij keerden terug naar het Land.(2 Koningen 3:5-27)

Vergelijking van de teksten

Hoe verhouden het bericht in 2 Koningen 3 en het relaas op de steen van Mesa zich nu tot elkaar? Is het mogelijk om op grond van deze twee bronnen vast te stellen, wat er in werkelijkheid is gebeurd?

Beide bronnen zijn niet zonder meer betrouwbaar. Het relaas van Mesa is, zoals reeds is opgemerkt, niet in een chronologische, maar in een systematische volgorde opgezet. Bovendien vertoont het de kenmerken van dit type teksten, zoals die algemeen voorkomen: sterke overdrijvingen, verzwijgen van wat ongunstig voor de koning is (bijv. nederlagen), alleen belangstelling voor militaire en bouw-activiteiten. De tekst heeft wel het voordeel uit de tijd zelf te stammen.

In welke periode een tekst als 2 Koningen 3 is ontstaan, is een omstreden zaak. Dit hoofdstuk bevat waarschijnlijk een historische kern, maar daaromheen is een verhaal verteld met legendarische en theologische trekken. Dit geldt vooral voor het optreden van de profeet Elisa. Maar dit relaas is duidelijk minder door de theologische visie van de auteur bepaald dan het parallelverhaal in 2 Kronieken 20:1-30. Wie dat in de bijbel naleest, zal merken hoe bij het opnieuw vertellen van het relaas uit 2 Koningen 3 in Kronieken de historische gebeurtenis geheel op de achtergrond is geraakt.

Het verhaal concentreert zich nu op de vrome koning Josafat, en in de stijl van de verhalen in Jozua is het God Zelf, Die voor de overwinning zorgt. De vijanden roeien elkaar uit zonder dat er slag behoeft te worden geleverd. Aan de Judese troepen slechts de taak het vijandelijke kamp te plunderen. De spits van het verhaal is profetische theologie: God alleen is de garantie voor de veiligheid van het volk. Vandaar dat het bericht in 2 Kronieken 20 nu verder buiten beschouwing kan blijven, wanneer wij proberen de historische gang van zaken te reconstrueren.

De tekst van Mesa begint ermee, dat de Israëlitische koning Omri (882-871) Moab heeft onderworpen en het land Medeba bij Israël heeft gevoegd, terwijl de rest van Moab onder eigen bestuur bleef. Het land Medeba omvat het gebied ten noorden van de Arnon, dat volgens het Oude Testament bij Israël behoort, maar niet volgens Mesa. Overigens blijkt uit de tekst van Mesa, dat de onmiddellijke omgeving van de Arnon aan de noordzijde steeds tot Moab is blijven behoren, ook in de tijd van Omri. Dibon en Aroër behoefden op Israël niet te worden veroverd.

Over de onderwerping van Moab door Omri wordt in het Oude Testament niet gesproken. Wanneer de boeken van de Koningen geschiedschrijving in de gebruikelijke zin van het woord zouden zijn geweest, zou dit zeer merkwaardig mogen heten. Maar de boeken der Koningen leggen niet zonder meer het verleden vast: de theologische visie van de auteurs is zo bepalend, dat deze belangrijke politieke ontwikkeling niet vermeld wordt, aangezien Omri tot de koningen behoort die door de schrijvers negatief worden beoordeeld. Wie over de dappere daden van deze koning wil lezen, verwijzen zij naar het Boek van de Kronieken der Koningen van Israël, een geschrift dat niet is overgeleverd (vgl. 1 Kon. 16:27). Gezien de algehele bloei van Israël ten tijde van Omri en Achab is er daarom geen reden om aan de historiciteit van het bericht over de onderwerping van Moab door Omri te twijfelen.

Maar dan komt het tot een tegenactie van Mesa. Koningen is hierover expliciet: toen Achab gestorven was, werd Mesa afvallig van de koning van Israël (2 Kon. 1:1; 3:5). Wanneer men de dood van Achab in 852 plaatst, komt men voor de opstand in 852 of 851 v. Chr. De steen van Mesa is in dit opzicht minder duidelijk. Over de weigering voortaan aan Israël onderhorig te blijven spreekt Mesa niet rechtstreeks. Was dit te pijnlijk om te vermelden, omdat deze afval waarschijnlijk het verbreken van zijn eed als vazalvorst moet hebben ingehouden? Het was nl. gebruik, dat wanneer de vazal een verdrag opgelegd kreeg, hij dit onder ede moest bevestigen; verbreken van het verdrag riep dan de wraak van de goden op. Daarom moest de vazal ook bij zijn eigen nationale god zweren, zodat deze hem niet meer zou steunen in de strijd (vgl. Ez. 17:11-21).

Mesa spreekt wel over de terugkeer van het land Medeba bij Moab, veertig jaar nadat Omri het land in bezit had genomen. Daarmee komt men omstreeks 840 uit. Maar voordat er over veertig jaar gesproken wordt, staat er, dat Omri daar zat in 'zijn dagen en de helft van de dagen van zijn zoon'. Aangezien Achab, Omri's zoon, waarschijnlijk regeerde van 871 tot 852, komen wij omstreeks 860 uit, een verschil dus van twintig jaar.

Er klopt iets niet; vandaar dat verschillende auteurs met hun oplossing zijn gekomen en iedere oplossing niet volkomen bevredigt. Nu is veertig jaar een tijdsaanduiding, die zo stereotiep is, dat wij deze niet letterlijk behoeven te nemen. Het kunnen er ook wel dertig geweest zijn. Maar het is niet erg waarschijnlijk, dat het Mesa gelukt zou zijn om tijdens Achab het land Medeba te heroveren, aangezien Achab over een bijzonder sterk leger beschikte, zoals wij uit Assyrische bron weten. Bovendien kan Mesa dit gebied niet hebben bezet en tegelijkertijd vazal van Israël zijn gebleven. Zijn opstand moet dus eerder hebben plaatsgehad, maar volgens Koningen vond die opstand pas na Achabs dood plaats, hetgeen waarschijnlijker is dan tijdens Achabs regering.

Men heeft 'zijn zoon' wel willen opvatten als een collec-

tief; 'zijn nakomelingen' zou zijn bedoeld. De laatste na-
zaat van Omri werd in 845 gedood, zo komen wij op 858
uit. En dat is nog in de tijd van Achab, dus te vroeg. Bovendien lijkt de Mesa-steen toch duidelijk over één persoon te spreken, die als Omri's 'zoon' wordt aangeduid.
Vandaar dat het beter is om 'zoon' als 'nakomeling' (enkelvoud) op te vatten en aan te nemen, dat hij daarmee de
Israëlitische koning Joram (Omri's kleinzoon) bedoelt,
die van 851 tot 845 regeerde. Dan komt men op 848 uit.
De gehele regering van Achab heeft Mesa bij de tijdsaanduiding 'zijn dagen en de helft van de dagen van zijn
zoon' dan gemakshalve overgeslagen.
Als men voor deze datering van de verovering van het
land Medeba kiest, kan men de opstand van Mesa onmid-
dellijk na de dood van Achab plaatsen. Men vindt in de
geschiedenis van het oude Nabije Oosten meer voorbeelden, dat de vazalvorsten na de dood van een krachtig
heerser in opstand komen. Mesa zou dan tijdens de kort-
stondige regering van Achabs zoon Achazja (852-851) ge-
weigerd kunnen hebben om verder nog schatting te betalen. Door zijn ziekte (zie 2 Koningen 1) heeft Achazja
geen gelegenheid meer gehad hiertegen wat te onderne-
men. Dit heeft zijn broer en opvolger Joram wel gepro-
beerd, en daarmee komen wij op het verhaal van 2 Koningen 3.
Toch lijkt het mij niet waarschijnlijk, dat Joram meteen
tot deze veldtocht, die door zeer onherbergzaam gebied
voerde met de nodige risico's vandien, is overgegaan.
Eerst zal er gevochten zijn in het noorden, in het land Medeba. De Bijbel spreekt hier niet over, maar in de steen
van Mesa wordt opgemerkt: 'En de koning van Israël had
gebouwd Jahas, en hij zat daar in zijn strijden tegen mij,
en Kemos verdreef hem van voor [mijn] aangezicht.' Naar
mijn mening gaat het hier om koning Joram, die uit Jahas
wordt verdreven. Jahas ligt nl. even ten noorden van Dibon en was één van de zuidelijkste steunpunten van Israël
in dit gebied (naast Atarot). Kennelijk heeft Joram gepro-
beerd van dit punt af Mesa weer tot onderwerping te
dwingen, maar liep zijn actie verkeerd af. Hij moest zich
terugtrekken en ook Atarot, dat hij versterkt had, viel in
Moabitische handen. Daarna nam Mesa Nebo in.

Toen hij zo het land Medeba in handen had gekregen, heeft Mesa een belangrijk aantal steden in dit gebied versterkt, zodat hij in staat zou zijn een aanval vanuit het noorden te weerstaan. Joram en Josafat besloten echter Mesa te verrassen door een aanval vanuit het zuidwesten te doen, ook al was dat een gevaarlijke route, zoals uit het verhaal in 2 Koningen 3 blijkt.

Zo lukte het hun Moab vanuit het zuiden binnen te dringen en de Moabitische koning in te sluiten in de versterkte stad Kir-Chareset, het tegenwoordige Kerak, waar zoals opgemerkt een fragment van een andere inscriptie van Mesa is gevonden. Een uitval van Mesa in de richting van de koning van Edom wiens loyaliteit jegens Juda en Israël waarschijnlijk twijfelachtig was, mislukte en de koning zag kennelijk nog maar één uitweg: hij offerde zijn eerstgeboren zoon op de muur van de belegerde stad zodat de Israëlieten het goed zouden kunnen zien. Door dit offer te brengen hoopte hij waarschijnlijk de toorn van Kemos te verzoenen en de kansen in de strijd te doen keren. De tekst eindigt vaag: 'En er ontstond een grote toorn over Israël en zij braken op van hen vandaan en zij keerden terug naar het Land'. (2 Kon. 3:27). Wat hiermee precies wordt bedoeld, is niet duidelijk; wie is toornig? Kemos? JHWH? Israël? In ieder geval geven de schrijvers van Koningen toe, dat het Israël toen niet gelukt is Moab te onderwerpen. Het is onduidelijk, of de actie tegen Hauranen (Horonaïm) die in de steen van Mesa genoemd wordt, nog iets te maken heeft met de veldtocht van Joram vanuit het zuiden. Evenmin weten wij, hoe het verder gegaan is tussen Mesa en Joram. Het ziet ernaar uit, dat Joram erin berust heeft, dat hij Mesa niet kon verslaan.

Het zal de lezer duidelijk zijn geworden, hoe belangrijk de steen van Mesa voor de bestudering van het Oude Testament is, als historische bron èn als getuigenis van een godsdienst die nauw aan de Israëlitische verwant is. Deze tekstvondst is zelfs zo uniek, dat een aantal onderzoekers heeft proberen aan te tonen, dat het hier om een vervalsing ging, die door de Fransman Clermont-Ganneau zou zijn besteld. Inderdaad, voor het oudtestamentisch onderzoek is deze vondst bijna te mooi om waar te zijn.

4. IN HET TIENDE JAAR

Ostraca uit Samaria

In de Bijbel wordt gesproken over één volk Israël, dat onder leiding van Mozes en Jozua gemeenschappelijk naar het Beloofde Land trekt om zich daar te vestigen. Daarmee gaan de bijbelschrijvers eerder uit van een ideaal dan dat zij een getrouwe beschrijving geven van de historische werkelijkheid.

In het voorafgaande hebben wij reeds vaker gezien dat de bijbelschrijvers geen historici zijn geweest in moderne zin. In feite is het volk Israël ontstaan uit een samengaan van een aantal verschillende bevolkingsgroepen, die voor een deel, waarschijnlijk zelfs een groot deel, reeds eeuwen en eeuwen in het land Kanaän woonden. Van eeuwigheid af, stelde Mesa zelfs (zie hierboven blz. 39). Als men de verhalen in het Oude Testament trouwens hierop naleest, laten de auteurs duidelijk doorschemeren dat in werkelijk de eensgezindheid onder de Israëlitische stammen ver te zoeken was. Zij waren zich bewust, dat zij in hun verhalen over de verovering van het land een ideale situatie beschreven, maar zij hoopten dat wat in het verleden niet gelukt was, in de toekomst wel zou gebeuren: het herstel van de onafhankelijkheid voor alle Israëlieten in één land.

De verschillende groepen die uiteindelijk in het volk Israël zijn opgegaan, bewoonden niet het gehele land Kanaän. Er waren ook andere volkeren – in het Oude Testament worden vele namen genoemd (vgl. bijv. Gen. 15: 19-21) – die rond maar ook tussen de door de Israëlieten bevolkte gebieden leefden. In tijden van oorlog was het daardoor voor de Israëlieten moeilijk wederzijds contact te houden, omdat zij eerst door vijandelijk gebied heen moesten, voordat zij elkaar konden ontmoeten.

Het zwakst was de verbinding tussen Juda in het Zuiden en de stammen ten noorden van Jeruzalem, omdat deze stad – door Jebusieten bewoond – als vreemde enclave tussen het woongebied van beiden in lag. Toen de Israëlieten in het noorden Saul als koning erkenden, was men in Juda niet zonder meer enthousiast, al stelt men het in het boek Samuel zo voor dat Saul ook over Juda heerste. Dat gebrek aan enthousiasme blijkt uit het feit, dat men na Sauls dood niet voor zijn zoon Esbaäl (Isboset) koos, maar voor Sauls tegenstander David. David werd in Hebron afzonderlijk tot koning van Juda uitgeroepen en pas later verwierf hij ook de troon in het noordelijk deel van Israël. Na Jeruzalem veroverd te hebben vestigde hij zich in deze stad: een nieuwe residentie voor een nieuwe eenheidsstaat.

Davids kleinzoon Rechabeam gelukte het reeds niet meer de eenheid van het rijk te handhaven: de Israëlieten in het noorden waren niet langer bereid om vanuit Jeruzalem geregeerd te worden. Het geslacht van David was voor hen een representant van de Judeeërs en niet een autochtoon vorstenhuis. Het was Jerobeam I die deze gevoelens van onlust wist samen te bundelen tot een regelrechte opstand, die hem het koningschap over Israël opleverde. Het rijk viel uiteen in twee delen: Juda in het zuiden bleef de dynastie van David trouw. Het noorden ging een eigen weg: men noemt dit nieuwe koninkrijk (heel verwarrend) ook Israël. Voor de duidelijkheid zullen wij van het noordelijk koninkrijk Israël spreken, terwijl wij Israël als de algemene aanduiding gebruiken voor het gehele land en volk.

Terwijl het voor de Judeeërs vanzelf sprak, dat Jeruzalem de hoofdstad en residentie zou blijven – lag hier niet de tempel en het koninklijk paleis? – was het wat het noordelijk koninkrijk aangaat, minder duidelijk welke stad hoofdstad zou worden. Men ging experimenteren: Sichem, Penuël en Tirsa bleken geen van drie als hoofdstad te voldoen. Wat Tirsa aangaat, waren de slechte verbindingswegen van deze stad met de rest van Israël en de geringe omvang van het bebouwbare terrein waarschijnlijk de oorzaak, dat de koning die daar verbleef, koning Omri (882-871), uitzag naar een andere residentie.

Een nieuwe hoofdstad

Omri over wie wij reeds in hoofdstuk 3 spraken, was via een militaire staatsgreep aan de macht gekomen en hij was vastbesloten een eigen dynastie te stichten, machtiger dan die van David. En daarbij hoorde een eigen hoofdstad. Zoals David Jeruzalem koos om een stad te hebben in neutraal gebied (Jeruzalem lag immers niet in het gebied van één van de Israëlitische stammen, maar juist tussen Juda en het Noorden), zo stichtte Omri zijn hoofdstad op een plek, waar toen geen nederzetting (meer) was. Dat vermeed rivaliteit tussen de verschillende stedelijke centra in het noordelijk koninkrijk en het stelde hem in staat geheel naar eigen ontwerp een stad te bouwen, niet gehinderd door bestaande gebouwen. Hij kocht het terrein van Semer en noemde de stad naar hem: Samaria (althans volgens 1 Koningen 16:24).

Het terrein was bijzonder gunstig voor een stad: de heuvel waarop Samaria lag, torent uit boven de omgeving die bestond uit vruchtbare akkers, en een belangrijke verbinding van noord naar zuid liep en loopt er langs. De stad gesticht door Omri en uitgebreid door Achab is dan ook hoofdstad van het noordelijk koninkrijk Israël gebleven, totdat de Assyriërs Samaria in 721 v. Chr. innamen. De weelde van de bewoners was zelfs zo groot, dat de profeet Amos er zich tegen keerde:

Laat het horen op de burchten in Asdod
en op de burchten in het land Egypte,
zegt:
Verzamelt jullie op de bergen van Samaria.
Ziet naar de vele verwarringen daarbinnen
en de verdrukkingen in zijn midden.
Zij weten niet het rechte te doen.
Uitspraak van JHWH.
Zij die geweld en verwoesting opstapelen in hun burchten.
Daarom, zo zegt de heer JHWH:
De benauwer!
Rondom het land!
Hij haalt bij u uw sterkte neer,
geplunderd worden uw burchten.
Zo zegt JHWH:
zoals de herder redt uit de muil van een leeuw,
twee achterpoten of een stukje oor,
zo zullen zij gered worden,
de zonen van Israël,
die in Samaria zitten,
in de hoek van een rustbed, op een Damasceense sofa.

Hoort en getuigt tegen het huis van Jacob
Uitspraak van de heer JHWH, de God der Heerscharen.
Voorwaar!
Op de dag dat ik Israëls misdaden aan hem bezoek,
doe ik bezoeking over de altaren van Betel.
De hoornen van het altaar worden afgehouwen,
zij vallen ter aarde.
Dan zal ik het Winterhuis tegen het Zomerhuis slaan,
verloren gaan de ivoren huizen,
vele huizen verdwijnen!
Uitspraak van JHWH.   (Amos 3:9-15)

De inname van 721 v.Chr. betekende overigens niet het einde van Samaria. Het bleef een hoofdstad, zij het niet meer van een onafhankelijke staat, maar van een district van het Assyrische Rijk. Ook in de Perzische tijd was Samaria de residentie van de gouverneur. In 332 v.Chr. werd de stad door Alexander de Grote veroverd en werd Samaria een centrum van Griekse cultuur. In 108 v.Chr. verwoestte Johannes Hyrcanus, de Hasmonese koning, de stad volledig. Er bleven echter mensen in Samaria wonen en de stad kwam in 30 v.Chr. in handen van Herodus de Grote, die haar herbouwde en een nieuwe naam gaf: Sebaste, ter ere van keizer Augustus (Sebastos is Grieks voor Augustus). Deze naam Sebaste leeft voort in de naam van het huidige dorp Sebastija.

Het terrein van het antieke Samaria werd van 1908 tot en met 1910 door de Amerikanen archeologisch onderzocht en vervolgens van 1931-1935 door een gecombineerde expeditie van Amerikanen, Engelsen en de Hebreeuwse Universiteit van Jeruzalem. De voornaamste ontdekking was de koninklijke paleiswijk van Omri, later verbouwd door Achab, gelegen op de acropolis van Samaria. Het is hier niet de plaats om op de opgraving van Samaria nader in te gaan. Wel zij vermeld dat behalve de beschreven potscherven, die men er vond en die verder in dit hoofdstuk centraal staan, er ook een fragment van een monumentale Hebreeuwse inscriptie gevonden werd, met slechts één woord erop: 'asjer, het betrekkelijk voornaamwoord in het Hebreeuws. Het behoeft geen betoog hoe belangrijk het zou zijn geweest, wanneer meer van deze inscriptie uit de tijd van de Israëlitische koningen bewaard zou zijn gebleven. Daarnaast is er een fragment van een inscriptie in

57

spijkerschrift, waarschijnlijk uit de tijd van Sargon II, de Assyrische koning die verantwoordelijk is voor de verwoesting van Samaria in 721 v.Chr.

De ostraca

Eén van de gebouwen, die in 1910 werden vrijgelegd, gaf de indruk een voorraadsruimte te zijn geweest. Het gebouw heeft gelegen tussen het paleis van Omri en het westelijk gedeelte van de muur met kazematten. Hier werden in twee zijkamers door de Amerikaanse expeditie van Harvard in 1910 de ostraca gevonden, die als de Samaria-ostraca bekend staan. In 1932 werd nog een andere ostracon (nr. C1101) gevonden, waarvan de interpretatie echter zo onzeker is, dat wij het hier buiten beschouwing zullen laten.

Ostraca (enkelvoud: ostracon) zijn potscherven waarop (met inkt) een tekst is geschreven of is ingekrast. Omdat aardewerk in die tijd voor meer doeleinden werd gebruikt dan thans, en het – zoals bekend – makkelijk breekt, waren er altijd scherven voorhanden. Ander schrijfmateriaal was kostbaar (papyrus) of moeilijker te gebruiken (steen). Vandaar dat voor teksten van tijdelijke waarde: notities, kwitanties, schrijfoefeningen, brieven en memoranda scherven werden gebruikt. Het meeste aardewerk uit dit gebied is in deze periode aan de buitenzijde vrij wit van kleur, zodat wanneer men donkere inkt gebruikte, de leesbaarheid goed was.

Er werden in totaal 102 ostraca gevonden, waarvan er enkele waren ingekrast, de rest met inkt beschreven. Een deel is goed leesbaar, andere minder en er zijn er waarvan zelfs niet één woord meer te ontcijferen valt. De mededelingen op de ostraca zijn eigenlijk weinig boeiend. Men kan bijv. de tekst van ostracon 2 als volgt vertalen:

In het tiende jaar. Voor Gadjaw. Uit Aza. Abiba'al 2. Achaz 1. Seba' 1. Meribaäl 1.

Hoewel al deze teksten kort zijn en zeer eenvoudig van opbouw, bleek de interpretatie ervan zeer moeilijk. Zo moeilijk, dat er nog steeds geen overeenstemming is, waar deze ostraca over gaan: betreft het hier een boekhouding van tienden (belastingen) die in natura werden afgeleverd bij

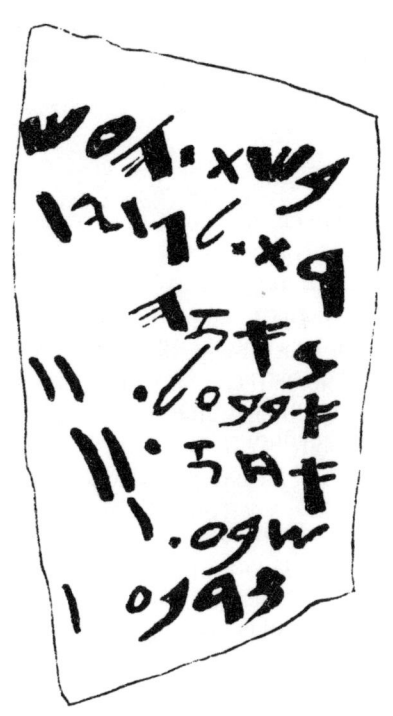

Afb. 8. Ostracon no. 2 uit Samaria.

het paleis en in dit gebouw werden opgeslagen? Hebben de ostraca betrekking op de bevoorrading van het paleis? Of gaat het hier om producten van de koninklijke domeinen bestemd voor hovelingen?

Als men de teksten van deze ostraca vergelijkt, valt op dat de opbouw in principe vrijwel gelijk is, maar dat de vaste elementen in deze teksten niet altijd in dezelfde combinatie aanwezig zijn. Die elementen zijn: de datering, de aard van het produkt (wijn of olie), een naam van een plaats of district voorafgegaan door het Hebreeuwse voorzetsel *min*, eigennamen soms voorafgegaan door het Hebreeuwse voorzetsel *le*. Een eenvoudige tekst biedt bijv. datering + topografische aanduiding + olie:

> In het tiende jaar, wijngaard van Jechaw'eli, kruik toilet-olie (nr. 55).

Iets meer geeft ostracon nr. 19:

> In het tiende jaar, *mi(n)* Jasit, een kruik toilet-olie, *le* Achinoam.

Behalve olie kan het ook om wijn gaan:

> In het negende jaar, *mi(n)* Quseh, *le* Gadjaw, kruik oude wijn (nr. 6).

Het kan nog uitgebreider:

> In jaar 15, *mi(n)* Semjada, *le* Cheles Gadjaw, Gera Channa (nr. 30),

d.w.z. datering *min* + naam van een district, *le* + eigennaam, andere eigennaam.

De betekenis van *min* is hier vrij duidelijk: het duidt aan waarvandaan de olie of wijn afkomstig was; de genoemde plaatsen en districten liggen alle in de buurt van Samaria. Maar *le* is nogal dubbelzinnig: het kan de bezitter aanduiden, of degene voor wie de leverantie bestemd is, of degene aan wie betaald is. Deze onduidelijkheid is er de oorzaak van dat zulke verschillende interpretaties mogelijk zijn.

Van deze interpretaties lijkt de hierboven in derde plaats genoemde theorie het waarschijnlijkst. Tegen de eerste (belastingafdracht) pleit, dat de namen van de ambtenaren aan wie olie of wijn zou zijn afgedragen, niet steeds dezelfde zijn per district, maar dat twee plaatsen uit een zelfde district genoemd worden in verband met twee verschillende namen. Bovendien staat er soms één naam die dan te maken heeft met verschillende districten. Ook de interpretatie dat het hier om de bevoorrading van het paleis zou gaan, ligt minder voor de hand: waarom zoveel namen en waarom zulke kleine hoeveelheden?

Wijn en olie voor de hovelingen

Volgens de derde oplossing gaat het hier om de leverantie van olie en wijn, afkomstig van domeinen van de koning en bestemd voor zijn hovelingen. Wij moeten dat ons zo voorstellen: de koning had zich omringd met edelen die in de hoofdstad woonden. Deze verheven lieden waren niet in staat zelf in hun levensonderhoud te voorzien, noch konden zij leiding geven aan een landgoed, waarvan de opbrengst hen en hun familie zou kunnen voeden, aangezien zij bij de koning aan het hof dienden te blijven. Daarom waren opzichters nodig. Het land was meestal het bezit van de koning zelf, maar hij was zo genadig om de opbrengst van enkele landgoederen aan zijn getrouwe hovelingen af te staan. Het landgoed werd door een opzichter beheerd en deze moest een deel van de opbrengst aan de daartoe aangewezen hoveling afstaan. De kwitanties van deze afdrachten zouden nu de ostraca zijn die in Samaria gevonden werden. De eigennaam voorafgegaan door *le* is die van de hoveling; de tweede eigennaam is die van de opzichter.

Voor dit gebruik zijn ook bijbelteksten ter vergelijking aan te voeren. In 1 Samuel 8 reageert de profeet Samuël op de wens van het volk, dat een koning verlangt om te zijn als alle andere volkeren, door een uiterst somber beeld te schetsen van het optreden van een koning, dat overigens niet veel zal hebben afgeweken van de praktijk destijds. Eén van de maatregelen die de koning volgens deze tekst zal nemen, is dat hij

> van jullie akkers, en van jullie wijngaarden en van jullie olijftuinen de beste zal nemen en aan zijn dienaren zal geven; van jullie zaad en (de opbrengst van) jullie wijngaarden zal hij tienden nemen en aan zijn eunuchen en aan zijn dienaren geven. (1 Samuël 8:14,15).

Op deze gewoonte zinspeelt ook 1 Samuël 22:7.

Nog meer informatie biedt 2 Samuël 9. Nadat alle zonen van Saul gesneuveld of vermoord zijn en David van hun kant geen concurrentie meer te vrezen heeft, besluit hij de enige overlevende, een gebrekkige zoon van Jonatan, te eren. Mefiboset (eigenlijk Meribbaäl) mag voortaan geregeld aan Davids tafel eten en hij krijgt alle landerijen van Saul terug, die in Davids bezit gekomen waren. Omdat Mefiboset geregeld aan de tafel van de koning at, woonde hij te Jeruzalem en kon hij dus zijn landgoed niet zelf beheren. Daarom stelde David Siba, een dienaar van Saul, aan om samen met zijn familie en zijn knechten het land te bewerken en de oogst binnen te halen 'zodat de zoon van uw heer brood zal hebben en zijn eten' (2 Samuël 9:10). Als men van de opbrengst van dit landgoed ooit eens een kwitantie op een ostracon zou terugvinden, zou de tekst (in vertaling) mogelijk kunnen luiden: 'In het jaar vijftien uit Benjamin voor Mefiboset, de zoon van Saul, (van) Siba, de dienaar van Saul, een kruik olie'. Het verhaal van Mefiboset en Siba heeft overigens nog een verrassend vervolg, zoals te lezen valt in 2 Samuël 16:1-4 en 19:24-30.

Datering

Op grond van overeenkomsten in het schrift en het feit dat sommige ostraca aan elkaar passen (dus van één aardewerken pot afkomstig zijn) neemt men aan, dat alle ostraca in Samaria zelf geschreven zijn door de schrijvers die in dienst stonden van de koning. Maar welke koning? De ostraca geven in sommige gevallen wel aan, dat de leverantie plaats heeft gevonden in het negende of tiende jaar of in jaar 15 (één ostracon, nr. 63, heeft mogelijk zelfs het getal 16 of 17) – maar naar het regeringsjaar van welke koning men dateert, wordt niet gezegd. Dat was destijds natuurlijk zonder meer duidelijk, maar dat is het voor ons niet meer.

Voor de datering van tekstvondsten kan men in de eerste plaats kijken naar het schrift. Hoe zien de letters eruit en hoe verhoudt dat zich met andere tekstvondsten uit deze streek? Specialisten op dit gebied dateren het schrift van deze ostraca uit Samaria in de eerste helft van de achtste eeuw v.Chr. (d.w.z. van 800-750). Voor de datering kan men ook letten op de vondstomstandigheden: uit welke periode dateert de laag waarin deze ostraca zijn gevonden? Hoewel de opgraving van Samaria in 1910 voor die tijd redelijk modern was, kan men op dit punt niet veel meer duidelijkheid krijgen dan dat de ostraca later moeten zijn dan de regering van koning Achab (871-852) en vroeger dan de verwoesting van Samaria in 722 v.Chr.

Nu is er echter nog een aanwijzing: niet alle koningen van het noordelijk koninkrijk Israël hebben 15 jaar geregeerd. Er blijven maar een paar kandidaten over voor de periode, waarin deze ostraca op grond van schrift en vondstomstandigheden kunnen worden gedateerd: Joachaz (818-802 v.Chr.; vgl. 2 Koningen 13:1), Joas (802-787 v.Chr.; vgl. 2 Koningen 13:10) en Jerobeam II (787-747 v.Chr.; vgl. 2 Koningen 14:23). Eén van deze drie koningen zou het dus moeten zijn – maar wie garandeert dat al deze ostraca uit de regering van dezelfde koning stammen? Daarbij komt dat de groep gedateerd in het negende of tiende (beide voluit geschreven) jaar wat schrift en inhoud betreft enigszins verschilt van de groep die uit jaar 15 (in cijfers) stamt. Men moet dus de mogelijkheid open houden, dat eerstgenoemde groep bijv. tijdens de regering van Joas zijn opgetekend en de tweede groep uit de tijd van Jerobeam II stamt. Als dat zo is, kan men de teksten nauwkeurig dateren: de eerste in 794 en 793; de tweede in 773. Nauwkeurig dan wel tussen aanhalingstekens, want over de chronologie van de Israëlitische koningen bestaat (zoals reeds opgemerkt) nog steeds veel onenigheid.

Betekenis van de ostraca

Het belang van de ostraca van Samaria ligt vooral op topografisch terrein. Op grond van de in de ostraca genoemde namen kan men zich een goed beeld vormen van Samaria's omgeving en van de omvang van de districten die rond de hoofdstad lagen. De ligging van plaatsnamen die in de Bijbel genoemd worden, kan men op grond van deze ostraca nauwkeuriger vaststellen. Behalve de topografische aanduidingen zijn de eigennamen eveneens van belang. Voor een deel komen deze namen ook voor in het Oude Testament, andere vindt men bijv. op zegels (zie hoofdstuk 10). Sommige zijn uniek. Wat vooral interessant is dat er behalve namen van Egyptische oorsprong namen met Baäl voorkomen zowel als namen met een verkorting van de naam van Israëls God JHWH. Getalsverhouding 8:11. Is hier sprake van een gemengde bevolking: Kanaänieten die Baäl vereren en Israëlieten die JHWH vereren? Maar uit het Oude Testament was reeds bekend, dat Israëlieten hun kinderen namen gaven waarvan Baäl een onderdeel is, zoals Jerubbaäl (Ri. 6:32), de andere naam voor Gideon, en de namen van twee nazaten van Saul Esbaäl (Isboset) en Meribbaäl (Mefiboset) – dat, terwijl Sauls andere zoon Jonatan heette, hetgeen 'JHWH heeft gegeven' betekent. Kennelijk voelde men nog geen duidelijke tegenstelling tussen de verering van Baäl en die van JHWH, of kon men JHWH ook wel met de titel Baäl (meester) aanduiden.

Wijn en olie bestemd voor de hovelingen van Jerobeam II – dit herinnert aan een tekst bij Amos, die een tijdgenoot van Jerobeam II moet zijn geweest (Amos 1:1). In het zesde hoofdstuk leest men o.m.:

Wee hun die zorgeloos zijn op de Sion,
die gerust zijn op de berg Samaria (...),
die wijn drinken uit plengschalen
en met de beste olie zich zalven (Amos 6:1a; 6a).

Zalfolie en wijn waren een onderdeel van de weelde, waarin het hof van Samaria leefde in contrast met de armoede van de minder fortuinlijken onder de Israëlieten, een contrast dat de woede van de profeet opwekte. De zorgeloze rijken van Samaria, voor wie dienaren het land bewerkten, wijngaarden en olijftuinen onderhielden en de oogst binnenhaalden, kondigde Amos een verschrikkelijke straf aan. En inderdaad viel in 721 de sterke burcht van Samaria in handen van de Assyriërs en werd (de bovenlaag van) de bevolking in gevangenschap uit hun vaderland gedeporteerd.

5. ER IS HIER GEEN ZILVER OF GOUD

Inscripties uit Jeruzalem

Men zou hebben verwacht, dat Jeruzalem een schat aan archeologische vondsten zou hebben opgeleverd gezien het grote belang van deze stad. Toch is weinig van het oudtestamentische Jeruzalem teruggevonden. Dat komt doordat Jeruzalem steeds bewoond is gebleven. Met name in de Romeinse tijd zijn er bij bouwwerkzaamheden zeer veel oude resten vernietigd, terwijl thans op veel plaatsen geen opgravingen verricht kunnen worden zonder bestaande gebouwen af te breken. Bovendien is het op sommige plaatsen om religieuze redenen onmogelijk om archeologisch onderzoek te verrichten. Dit laatste heeft reeds tot enige incidenten geleid.

Ook het aantal tekstvondsten is beperkt. De voornaamste is echter bijzonder interessant en voert ons in de tijd van de Judese koning Hizkia (715-697). In 722 had Hizkia het nog als kroonprins meegemaakt dat de Assyriërs een einde maakten aan het bestaan van het Noordelijk Koninkrijk Israël, toen de laatste koning Hosea tegen hen in opstand was gekomen. De hoofdstad Samaria werd verwoest en een deel van de bevolking werd in ballingschap weggevoerd, de beroemde verloren Tien Stammen. Deze tragische gebeurtenis wordt niet alleen in 2 Koningen 17:4-7 beschreven, maar o.m. ook in verschillende teksten van de Assyrische koning Sargon II, waarin men het volgende kan lezen:

> De inwoners van Samaria, die met een aan mij vijandige koning hadden samengespannen om geen onderdanigheid te bewijzen en geen belasting te betalen en die slag leverden, heb ik met de kracht van de grote goden, mijn heren, bestreden. 27.280 mensen samen met hun strijdwagens en de goden op wie zij vertrouwden, rekende ik tot buit. (...) De stad Samaria herstelde ik, ik maakte haar groter dan tevoren. Mensen van door mij veroverde landen deed ik erin wonen. Eén van mijn eunuchen stelde ik als gouverneur over hen aan en ik rekende hen tot de inwoners van Assyrië. (vertaling drs. R.J. van der Spek)

Tekst op ivoren plaquette

Van de buit die vanuit Samaria naar Assyrië is meege-
voerd, is een gedeelte in het Assyrische Fort Salmanassar
(Nimrud) teruggevonden, waaronder ook een Hebreeuwse inscriptie op een fragment van een ivoren plaquette. De
ivoorsnijkunst was in Israël hoog ontwikkeld: niet voor
niets wordt er in 1 Koningen 22:39 gesproken over een
ivoren huis, dat Achab heeft laten bouwen. Ook het in Assyrië teruggvonden fragment getuigt van vakmanschap:
het oppervlak is glad gepolijst en de letters zijn zorgvuldig
ingesneden. Op grond van de letters dateert men deze
tekst in de tweede helft van de achtste eeuw v. Chr. , dus
kort vóór de verwoesting van Samaria. Voorzover bewaard kan men de tekst als volgt weergeven:

> ... Moge [jhwh] *verbrijzelen* ... na mij: van grote koning t[ot ge-
> wone man, die] ... komt en uitwist [deze tekst].

Het bewaard gebleven gedeelte van deze tekst bestaat dus
- zoals gebruikelijk - uit een vervloekingsformule, waarmee men probeerde bij het nageslacht eerbied te forceren
voor de monumenten en inscripties van het voorgeslacht.

Opstand van Hizkia

Ondanks het afschrikwekkend voorbeeld, dat de vernietiging van Samaria in 722/1 bood, besloot ook Hizkia een
opstand tegen Assyrië te riskeren. Hij ging hierbij niet
over één nacht ijs. Hij koos het tijdstip zorgvuldig in een
periode, dat er in Assyrië zelf moeilijkheden waren. Bovendien nam hij maatregelen ter versterking van Jeruzalem ingeval van een beleg door de vijand. Het duidelijkste
bericht hierover vinden wij in 2 Kronieken 32:1-6, waarin
gemeld wordt dat Hizkia alle bronnen en een beek liet
dichtstoppen, zodat de Assyriërs geen water zouden hebben. Verder versterkte hij de muren van de stad en legde
hij een nieuwe muur aan. Hij organiseerde bovendien het
leger en de wapenvoorraad.

Velen zien een verband tussen deze maatregelen en de
aanleg van een watertunnel, die ook nu nog van de bron
Gichon naar de vijver van Siloach (= Siloam) voert. De
bron Gichon ligt in de Kidron-vallei ten oosten van de

Stad van David, de oudste kern van de stad Jeruzalem, terwijl de vijver van Siloach ten zuidwesten van de Stad van David ligt (zie afb.10). Dat deze tunnel in opdracht van Hizkia is aangelegd, wordt gemeld in 2 Koningen 20:20, 2 Kronieken 32:30 en Sirach 48:17, maar in geen van deze teksten wordt een verband gelegd met Hizkia's opstand tegen Assyrië. Op zich is het logisch om dat verband wel te leggen. De watervoorziening was tijdens een beleg een grote zorg voor de belegerden – een tekort aan water zou onherroepelijk tot overgave moeten leiden, terwijl de regenval in dit gebied 's zomers te onregelmatig is om de cisternen (waterreservoirs) steeds gevuld te houden. Daarom was het noodzakelijk om een permanente toegang tot een bron met levend water te hebben, ook tijdens een beleg. Ja, men moest deze bron zo vast in handen hebben, dat de vijand geen gelegenheid kreeg deze onbruikbaar te maken door er een kadaver in te werpen of met stenen de bron dicht te stoppen.

Op verschillende wijzen heeft men in Israël het probleem van de watervoorziening opgelost; door middel van schachten, tunnels en geheime toegangen slaagde men erin zich van een permanente toegang te verzekeren tot de bron, die normaal gesproken altijd buiten de stad lag. Zo zou ook de tunnel van Hizkia hebben kunnen dienen om het water van de bron Gichon naar een veiliger plek binnen de muren te voeren.

Nu ligt echter de vijver van Siloach, waar de tunnel op uitkomt, niet binnen de muren van de Stad van David, maar net erbuiten. Dat is hoogst opmerkelijk, want zo had men het probleem slechts verplaatst. Vandaar dat men wel aanneemt, dat de westelijke muur van de stad, waarvan een gedeelte meer naar het noorden is teruggevonden en die in de tijd van Hizkia moet zijn aangelegd, ook de vijver van Siloach omgaf, voordat hij bij de zuidpunt van de Stad van David aansloot op de oudere muur, die rond deze oudste kern van Jeruzalem liep. Bewijzen voor deze veronderstelling ontbreken evenwel.

Een andere oplossing die is voorgesteld, gaat uit van een niet-militaire functie voor de tunnel van Hizkia, waardoor verklaard wordt waarom men het uiteinde van de tunnel niet binnen de muren van de Stad van David heeft geplaatst. De tunnel is dan aangelegd in verband met de watervoorziening van de nieuwbouwwijk ten westen van de Stad van David. Voor degenen die water moesten halen, betekende deze tunnel waarschijnlijk een grote uitkomst, aangezien zij veel minder ver moesten lopen dan voorheen. Deze hypothese verklaart tevens waarom in de bijbeltekst geen direct verband wordt gelegd tussen de aanleg van de Siloach-tunnel en Hizkia's maatregelen om het beleg van de Assyriërs te weerstaan.

Toch lijkt het weinig waarschijnlijk, dat Hizkia het uiteinde van de tunnel niet op een of andere wijze zou hebben beschermd tegen een vijandelijke aanval. Mogelijk kwam het water niet terecht in een open vijver, zoals nu het geval is, maar in een onderaardse cisterne. Als dat het geval geweest is, moet men deze cisterne later, bijvoorbeeld in de Romeinse tijd, hebben opengelegd, zodat de huidige situatie ontstond.

Afb. 9. Inscriptie uit tunnel van Hizkia.

De aanleg van de tunnel

De reden waarom Hizkia deze tunnel liet aanleggen, is niet het enige probleem waarvoor dit project ons plaatst. De plattegrond (afb. 10) laat duidelijk zien, dat de tunnel niet in een rechte lijn is gegraven, maar in een soort S-bocht. Hemelsbreed gaat het om een afstand van zo'n 320 m., maar door de vele bochten in het tracé meet de tunnel ongeveer 534 m. Waarom zoveel extra werk verricht?
Het is een interessant vraagstuk en verschillende oplossingen zijn naar voren gebracht.

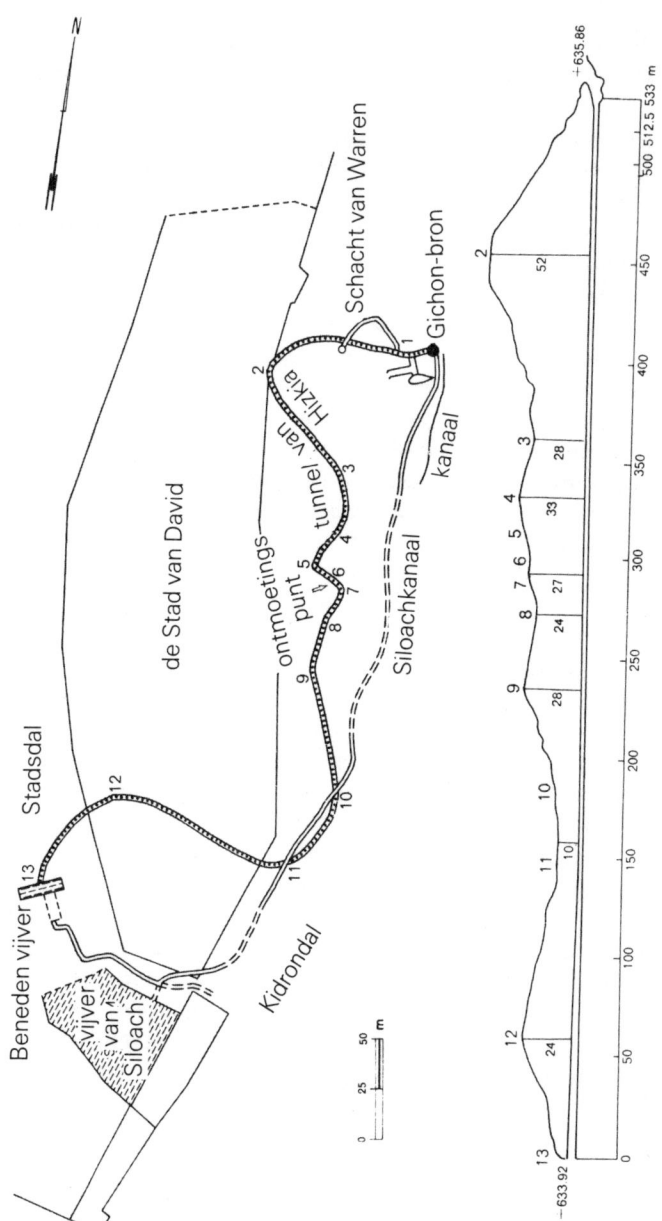

Afb. 10. Loop van de Siloach-tunnel met dwarsdoorsnede (naar Jerusalem Revealed, p. 76).

69

Degenen, die de tunnel hebben aangelegd, zouden niet onder de koningsgraven van Jeruzalem hebben willen graven en daarom een bocht hebben gemaakt; zij zouden op een harde steenlaag zijn gestuit en van richting hebben moeten veranderen; zij zouden een ondergrondse waterloop hebben gevolgd. Geen van deze drie theorieën stammen overeen met de feitelijke situatie: de eventuele koningsgraven moeten ver boven de tunnel gelegen hebben, de rots is niet opvallend harder of zachter op bedoelde plaatsen, noch zijn er sporen gevonden van een onderaardse waterloop. De bekende archeologe Kathleen Kenyon veronderstelde, dat degenen die de tunnel hebben aangelegd, 'als mollen' groeven. Maar aangezien men met twee ploegen werkte – één vanuit het noorden, één vanuit het zuiden – en bij het ontmoetingspunt de graafrichting nauwelijks behoefde te worden bijgesteld, moeten wij toch aannemen dat men bepaald niet lukraak gegraven heeft.

De waarschijnlijkste theorie lijkt mij, dat men aanvankelijk in een rechte lijn heeft willen werken, maar dat men daar in tweede instantie van af heeft gezien en een andere taktiek heeft gevolgd. Wanneer men het kaartje (afb. 10) erbij neemt, ziet men dat op de punten 2 en 12 beide ploegen hun koers drastisch hebben verlegd. En die punten liggen juist op de grens van de Stad van David, die op een bergrug ligt. De zuidelijke groep probeert zo snel mogelijk onder de Stad van David uit te komen in de richting van de Kidron-vallei. De noordelijke groep boog meteen af, toen zij de stad naderden. Een reden hiervoor kan geweest zijn, dat men met klopsignalen van boven af werkte om de koers te bepalen en dat zulk soort signalen onder de Stad van David niet meer hoorbaar waren, maar wel in het lager gelegen gebied ten oosten van de stad. Op deze wijze waren zij wel genoodzaakt een omweg te maken.

De theorie van de klopsignalen van het aardoppervlak af verklaart meteen, hoe het mogelijk was, dat men zo nauwkeurig kon werken zonder kompas. Op het laatst werd het natuurlijk bijzonder spannend. Er bestond immers het gevaar, dat men vrolijk langs elkaar heen zou hakken, waardoor er twee tunnels parallel aan elkaar zouden ontstaan. Dat moest natuurlijk voorkomen worden en wij zien op de kaart, dat men tussen de punten 5 en 7 voortdurend de richting heeft bijgesteld om elkaar werkelijk te ontmoeten. Op het laatst hadden de beide ploegen steun aan het geluid van elkaars houwelen en kon men elkaar zelfs toeschreeuwen. Op het uiteindelijke ontmoetingspunt bleek men nauwelijks van elkaar te zijn afgeweken – een gigantische prestatie met de beperkte middelen van die tijd.

De Siloach-inscriptie

De spanning van dat moment heeft men vastgelegd in een tekst, die bij toeval in 1880 in de tunnel werd ontdekt door een scholier die er kwam baden. De inscriptie bevond zich zes meter voor de uitgang. Nadat men het oppervlak van kalkafzetting had ontdaan, kon men afgietsels maken. Dat bleek niet onverstandig te zijn geweest, want in 1890 werd de inscriptie door een Griek uitgehakt, die ermee goed geld hoopte te verdienen. Bij deze operatie brak de inscriptie in verschillende stukken, die door de toenmalige Turkse overheid werden geconfisqueerd. Zo is de Siloach-inscriptie uiteindelijk in Constantinopel terechtgekomen, waar men de tekst aan de hand van afgietsels kon herstellen.

De inscriptie kan als volgt worden vertaald:

[Zie] de doorboring. En dit was de zaak van de doorboring. Terwijl [de steenhouwers zwaaiden] de houweel, een man in de richting van zijn kameraad, en toen er nog drie ellen *(ca. 1.35 m)* waren om te doorbo[ren, werd gehoor]d de stem van een man roepend tot zijn kameraad, want er was een *resonantie* in de rots, in het zuiden en i[n het noor]den. En op de dag van de doorboring hadden de steenhouwers geslagen een man zijn kameraad tegemoet, houweel tegen [hou]weel. Toen ging het water vanuit de bron naar de vijver over twaalfhonderd el *(540 m)*. En honderd el was de hoogte van de rots boven het hoofd van de steenhouwers.

Dit laatste is slechts op enkele plaatsen waar; de hier gegeven honderd el vormt de maximum-hoogte.

Het is opmerkelijk dat de rotswand, waarop de inscriptie was aangebracht, over een groter oppervlak is vlak gemaakt dan nodig was voor de inscriptie, die slechts het onderste gedeelte ervan beslaat. Heeft men daarboven nog een andere tekst willen aanbrengen, of wellicht een afbeelding van de doorboring? Maar waarom is dat dan niet gebeurd?

De tekst van de inscriptie zelf roept eveneens vragen op, hoe boeiend de scene ook is beschreven. Toen wij de Mesa-steen behandelden, bleek dat in een bouwinscriptie normaal de koning centraal staat en dat men graag nog enige andere heldenfeiten van hem in de tekst vermeld. Maar over Hizkia of welke andere opdrachtgever geen woord. De enigen die genoemd worden, zijn de steenhouwers, maar dat zij deze inscriptie zouden hebben laten aanbrengen, zou zeer uitzonderlijk zijn.

De stijl, waarin de tekst is geschreven, is bovendien sterk verhalend en ook dat past niet bij een bouwinscriptie. Vandaar dat men wel heeft verondersteld, dat de tekst is overgeschreven uit een Judese kroniek. Een aanwijzing in die richting zou zijn, dat blijkens 2 Koningen 20:20 in het Boek van de Kronieken van de Koningen van Juda een passage over deze tunnel heeft gestaan. Helaas is deze bron niet bewaard gebleven, zodat wij dit niet meer kunnen contrôleren.

Om weer op Hizkia terug te komen: toen hij zijn vazalverdrag had verbroken, zijn de Assyriërs inderdaad gekomen om Juda te onderwerpen. Tegenover de grote overmacht koos Hizkia uiteindelijk de verstandigste weg: hij betaalde een grote schatting, in ruil waarvoor koning Sanherib het beleg van Jeruzalem afbrak. Een latere legende verhaalt over een engel, die in één nacht 185.000 man Assyriërs zou hebben gedood (2 Kon.19:35), maar waarschijnlijk waren het toch goud en zilver die Jeruzalem hebben gered.

Ondanks het feit, dat het land rond Jeruzalem was verwoest, de stad Lakis door Sanherib was ingenomen (zie blz. 114) en veel mensen waren omgekomen of gedeporteerd, was de opluchting in Jeruzalem groot, zo groot dat zij de toorn van Jesaja opwekte. In Jesaja 22:1-14 vindt men de verontwaardigde woorden, die Jesaja waarschijnlijk destijds heeft gesproken. Na de verschrikkingen viert men weer feest, zonder iets te hebben geleerd uit wat het land was overkomen. De profeet kondigt daarom een onbarmhartige straf aan, die weliswaar in zijn tijd geen werkelijkheid werd, maar ruim honderd jaar later wel (zie verder hoofdstukken 8 en 9).

Het graf van de hofmaarschalk

Het vervolg van Jesaja 22 (de verzen 15-19) heeft men wel in verband gebracht met een tweede inscriptie, die in Jeruzalem gevonden is uit de tijd van Hizkia. En dan gaat het in het bijzonder om vers 16, waar Jesaja de hofmaarschalk Sebna toevoegt:

> Wat hebt gij hier en wie hebt gij hier
> dat gij hier voor u een graf hebt uitgehouwen,
> uithouwer van zijn graf in de hoogte!
> uithakker in de rots van een woning voor zich!

In deze profetie wijst Jesaja de gewoonte af, die waarschijnlijk onder Phoenicische invloed was opgekomen, nl. om reeds tijdens het leven voor een monumentaal rotsgraf te zorgen, waar men na zijn overlijden kon worden bijgezet. Niet begraven worden was in de Oudheid een verschrikkelijk vooruitzicht, omdat men meende dat een dode buiten het graf geen rust kon vinden. Daarom was het ook een dure plicht voor de nabestaanden om de overledene een begrafenis te bezorgen. In de tragedie 'Antigone' van Sophocles zet Antigone zelfs haar leven op het spel om een handjevol aarde op het lijk van haar broer te werpen, dat niet begraven mocht worden. Wanneer een profeet in het Oude Testament iemand een verschrikkelijke dood aankondigt, was dat een einde zonder begrafenis. Een dood zoals die Izebel (1 Kon.21:23) of Jojakim (Jer. 22:19) in het vooruitzicht wordt gesteld. Vandaar dat men zich van tevoren veilig wilde stellen door zelf zijn graf te laten aanleggen – voorzover men daartoe de middelen had natuurlijk. En juist dat laatste zal de toorn van Jesaja hebben verwekt.

In het dorpje Silwan (= Siloam of Siloach) bij Jeruzalem zijn nu nog de resten van zulke rotsgraven te zien, die in de periode 900-650 v.Chr. gedateerd worden. De afwerking van de graven is zo zorgvuldig, dat men aanneemt, dat Jeruzalems edelen dit terrein voor hun graven hadden gereserveerd. Zo bleef men ook na de dood onder elkaar. Men onderscheidt drie typen graven; het meest monumentale type is voor dit boek interessant, omdat men ook inscripties op de façade van deze graven heeft aangebracht, inscripties echter die nu sterk beschadigd zijn.

Dat komt omdat de graven te aantrekkelijk waren om de doden hun rust te gunnen. De graven werden in later tijd voor verschillende doeleinden gebruikt, waarbij men de toegangen heeft verbreed. Ook nu nog dienen zij als opslagruimte of als cisterne. Van de oorspronkelijke inhoud van de graven is niets teruggevonden. Inzoverre is de profetie van Jesaja in vervulling gegaan.

Als gezegd, van de inscripties valt weinig meer te lezen. Op het zgn. Monolitische graf heeft men weten te ontcijferen (vertaald):

[Dit is] het graf van Z.... Diegene die op[ent] ...

Kennelijk gaat het hier om een vervloekingsformule.

Op het graf van de hofmaarschalk waren twee inscripties aangebracht, die door de in hoofdstuk 3 reeds genoemde Clermont-Ganneau in 1870 zijn ontdekt, uitgehouwen en naar het Brits Museum gestuurd. Pas in de jaren vijftig van deze eeuw slaagde de Israëlische epigraaf N. Avigad erin de teksten te ontcijferen. De eerste is weinig interessant. Volgens Avigad moet men vertalen:

(Graf)kamer in de helling van de rots

Er is ook een andere vertaling mogelijk:

Grafkamer aan de zijkant van de uit de rotsen gehouwen graf-[kamer]...

Volgens deze interpretatie is de inscriptie niet volledig bewaard en moet er worden aangevuld: 'welke bevat het lichaam van X'. Het gaat hier nl. om een graf met twee kamers. Deze inscriptie had betrekking op de zijkamer, de nu volgende op de hoofdkamer, waar twee lijken waren bijgezet.

Deze tweede inscriptie is uitgebreider en gaat in op de grote vrees van iedere grafeigenaar uit de Oudheid, nl. dat een onverlaat op zoek naar schatten het graf zou openbreken en de lichamen schenden. Om dit tegen te gaan werd bijv. in Phoenicië op het graf of de sarcophaag een inscriptie aangebracht met een uitgebreide vervloekingsformule – een voorbeeld daarvan zagen wij in het eerste hoofdstuk (de inscriptie van Achiram van Byblos). Maar de gedachte aan de schatten die een graf kan bevatten, zal vaak sterker zijn geweest dan de angst voor de dode. Vandaar dat de tweede inscriptie op het graf van de hofmaarschalk iedere illusie omtrent de inhoud van dit graf bij voorbaat wegneemt:

Dit is [het graf van ...]jahu, die over het (koninklijk) huis (was). Er is [hi]er geen zilver of goud, [al]leen [zijn botten] en de bott[en] van zijn slavin met hem. Vervloekt de mens die dit opent!

Het gaat hier om het graf van een zeer hoge functionaris van het hof van Jeruzalem: 'die over het huis' (*'asjer 'al habajit*), in de NBG-vertaling 1951 weergegeven met 'hofmaarschalk.' De titel komt in het Oude Testament een aantal malen voor (vgl. Gen.44:1; 1 Kon.4:6; 16:9; 18:3; 2 Kon.10:5; 15:5; 18:18; 19:2; Jes.22:15; 36:3) en ook op een zegelafdruk, die nog in hoofdstuk 10 behandeld zal worden. Deze functie omvatte het toezicht op het hof en het bezit van de koning, maar 'die over het huis' was tevens een soort van eerste minister. Men kan de functie vergelijken met de rol, die de 'major domus' speelde in het Frankische koninkrijk.

Door een gat in de inscriptie kunnen wij van de naam van de eigenaar van het graf slechts het tweede gedeelte lezen: -jahu. Nu is dat een zeer gebruikelijk slot voor een Judese naam, dus daar schieten wij weinig mee op. Men heeft twee voorstellen tot aanvulling gedaan: Chilkijahu of Sebanjahu. Volgens 2 Koningen 18:18 en Jesaja 36:3 was Eljakim, de zoon van Chilkia, omstreeks 700 v.Chr. hofmaarschalk; zou hij zijn vader zijn opgevolgd? De naam van Chilkijahu valt ook als vader van een minister van Hizkia, van wie een zegelafdruk is gevonden (zie hoofdstuk 10). Dit wijst erop, dat Chilkia een vooraanstaand persoon in die tijd kan zijn geweest, wanneer zijn zonen zulke belangrijke functies vervulden. Maar dat dit zijn graf zou zijn, blijft niet meer dan een gissing.

Hetzelfde geldt voor de aanvulling Sebanjahu, al vind ik die aantrekkelijker. Sebanjahu is hetzelfde als Sebna en dat is juist de hofmaarschalk tegen wie Jesaja zijn profetie richtte, waarmee wij dit gedeelte begonnen: de hofmaarschalk die in de hoogte zich een graf liet houwen. Het zou natuurlijk een groot toeval zijn, wanneer wij juist van deze Sebna het graf zouden hebben teruggevonden, maar wat tijd betreft kan het. De inscriptie wordt nl. in de tijd van Hizkia gedateerd, toen Sebna hofmaarschalk was.

Men kan zich nog verbazen, dat X-jahu zich niet met zijn vrouw, maar met zijn slavin heeft laten begraven. De familiegeschiedenis die hier achter zou kunnen zitten, kan de lezer zelf wel verzinnen.

Ofel-ostracon

Minder prikkelend voor de fantasie is het ostracon, dat in 1924 op de Ofel, een deel van de zuidoostelijke heuvel van Jeruzalem werd gevonden en dat op grond van de vorm van het schrift aan het einde van de zevende eeuw gedateerd kan worden. De tekst is niet volledig en slecht leesbaar. Het betreft een lijst van namen, vergezeld van een aanduiding van familie en woonplaats, hetgeen wijst op een registratie bijv. ten behoeve van de belastingheffing. Mogelijk kan de tekst als volgt vertaald worden:

> Hizkia, de zoon van Kore, in het veld van de wolkammers; Jeho ...; Achia, de zoon van de wolkammer, in het dal van de 'handen' (= monumenten); Sefanja, de zoon van Kari, in het dal van de 'handen' ...

Ofel-inscriptie

Bijzonder spijtig is het, dat het brokstuk van een monumentale inscriptie uit de zevende eeuw v.Chr., dat ook op de Ofel gevonden is, niet meer te vertalen is. Er staan nog een vijfentwintig letters op, maar er valt niets meer van te maken. Hetzelfde geldt voor een fragment van een Hebreeuwse inscriptie uit de achtste/zevende eeuw, dat in 1978 bij de Stad van David werd ontdekt. Wanneer dit de resten van Judese koningsinscriptie zijn geweest (dat is goed mogelijk), is het toch buitengewoon frustrerend, dat zo weinig bewaard gebleven is. Het zou natuurlijk bijzonder belangrijk zijn, wanneer een tekst gevonden werd van een Judees koning van de omvang van de Mesa-steen. Met minder zou ik echter ook zeer tevreden zijn, al wijs ik de lezer op de mening van E.J. Smit, die in het Afrikaans een artikel over oud-Hebreeuwse inscripties heeft geschreven, dat als volgt eindigt:

> Die getal oud-Hebreeuse inskripsies (is) nog maar gering (...) Die vraag kom (...) naar vore of daar nie in hierdie feit juis 'n Goddelike bedoeling opgesluit lê nie, nl. dat die geskiedenis van die uitverkore volk in die Bybel gegee is, en dat daar nie ter wille dáárvan na inskripsie-materiaal gesoek en teruggegryp hoef te word nie.

Voor het epigrafisch onderzoek is maar te hopen, dat hij geen gelijk heeft.

Op de Ofel zijn nog meer ostraca gevonden en wel tijdens de opgravingen van Kathleen Kenyon in de periode 1961-1967. De eerste van·deze groep stamt uit omstreeks 600 en is kennelijk een brief geweest. Helaas is slechts een gedeelte bewaard:

... [ve]ld ... En zie ... voor het volk ... veld en ... .

Drie andere ostraca betreffen leveranties. Eén ervan is wel opmerkelijk (althans als dit de juiste interpretatie is):

200. Men telt *18 om tiende te geven*

Het gaat hier dan om een notitie, dat men op 200 eenheden 18 eenheden heeft afgezonderd als tiende. Hieruit blijkt dat men in deze periode in Juda tienden gaf, maar dat men daarmee niet erg nauwkeurig was (9% i.p.v. 10%). Mogelijk bestaat er een verband met een maatregel die in 2 Kronieken 31:4-12 aan Hizkia wordt toegeschreven en waarbij de tienden voor de priesters en levieten wordt geregeld. Wat datering van dit ostracon betreft, zou het kunnen.

In het westelijke gedeelte van de stad, dat – zoals reeds opgemerkt – waarschijnlijk in de tijd van Hizkia werd ommuurd, heeft men ook enige tekstvondsten gedaan tijdens de Israëlische opgravingen, die sinds 1968 plaatsvinden in het voormalige Jordaanse gedeelte van Jeruzalem.

De belangrijkste van deze vondsten is een tekst geschreven op een scherf (een stuk van een schouder van een voorraadskruik) uit het begin van de zesde eeuw v.Chr. – dus van vlak vóór de verwoesting van Jeruzalem. Er staan drie regels op, maar omdat de inkt erg verbleekt is, kan men nu alleen nog maar de naam Michajahu en 'Qonerets' lezen. Blijkens een Phoenicische inscriptie uit de achtste eeuw uit Karatepe moeten wij 'Qonerets' splitsen in 'Qone 'erets', schepper van de aarde, een bijnaam voor God, die in engiszins gewijzigde vorm ook voorkomt in Genesis 14:19. Daar wordt gesproken over El Eljon, de schepper (*qone*) van hemel en aarde, in een gesprek tussen Abram en Melchisedek, dat in Salem plaatsvindt. Salem is waarschijnlijk een andere benaming voor Jeruzalem. De vermelding van Michajahu in de vorige regel duidt er-op, dat het hier niet om een afzonderlijke god Qonerets gaat, maar om een bijnaam van JHWH, die mogelijk vooral in Jeruzalem in ere was. De vraag blijft wat deze godsaanduiding in de tekst te betekenen heeft. Gaat het hier om een leverantie aan de tempel?

Grafschrift van Uzzia

Hoewel niet meer uit de oudtestamentische periode stammend, leek het toch passend om dit hoofdstuk met de volgende inscriptie af te sluiten. Het gaat om een kalkstenen plaat (35 x 34 cm.) die werd aangetroffen in de collectie van het Russische klooster op de Olijfberg en die in 1931 werd gepubliceerd. Men dateert de tekst die in een enigszins Hebraïserend Aramees is geschreven, in de eerste eeuw n.Chr.:

> Hierheen werden gebracht de botten van Uzzia, de koning van Juda – niet om te openen!

Het moet hier gaan om een herbegraving van het gebeente van de Judese koning Uzzia of Azarja (787-736). Aan de nadrukkelijke opdracht aan het einde van de inscriptie heeft het nageslacht zich echter niet gestoord. De steen is weggehaald en van het gebeente van Uzzia rest geen spoor.

6. DIT IS HET GESCHRIFT OVER BILEAM, DE ZOON VAN BEOR

Nieuwe teksten uit het Overjordaanse

Het kan bij een opgraving heel anders lopen dan men had verwacht, toen men het werk begon. Zo had niemand van het expeditieteam van de Leidse universiteit, dat in 1960 onder leiding van dr. H.J. Franken naar Deir 'Alla in de Jordaan-vallei trok om aldaar een deel van de ruïneheuvel (*tell*) op te graven, enig idee dat men hier later een tekstvondst van de eerste orde zou doen. Men was gekomen om voldoende aardewerkmateriaal uit verschillende perioden te verzamelen nodig voor een statistisch onderzoek naar de veranderingen in de productie van aardewerk in dit gebied door de eeuwen heen.

Het begon ermee, dat men bij het afgraven op een vrij laag niveau de resten van een heiligdom vond. Op grond van de vondsten kon men concluderen, dat dit heiligdom omstreeks 1200 v.Chr. gedateerd moet worden. Dat is juist de periode waarin in dit gebied de Bronstijd overgaat in de IJzertijd, het tijdstip tevens waarop het volk Israël voor het eerst in een Egyptische bron wordt genoemd. Juist om die reden staat deze periode bijzonder in de belangstelling van de oudtestamentici: kunnen archeologische vondsten ons een duidelijker beeld geven, onder welke omstandigheden het volk Israël is ontstaan? De vondst van een heiligdom uit deze tijd kan dus van groot belang zijn voor het onderzoek.

Een gedeelte van het heiligdom kon worden opgegraven: het lag in het gebied dat men had uitgekozen om in zijn geheel af te graven op zoek naar aardewerk. De rest ligt echter onder meters dikke afzettingen uit latere perioden, die men eerst systematisch, per afzettingslaag onderscheiden (*stratigrafisch*), moet afgraven, voordat men op de diepte is gekomen, waarop het heiligdom heeft gelegen. Bij een opgraving liggen immers de oudere lagen in principe dieper dan de jongere.

Hoewel men inmiddels geslaagd was in het aanvankelijk gestelde doel, nl. het verzamelen van voldoende geclassificeerd aardewerk, was men daarom toch nog niet klaar met de opgraving. Men kon dit belangrijke heiligdom niet verder laten voor wat het was. Een groter deel van de *tell* moest worden opgegraven.

De vondst van de tekst

Men moest weer bovenaan beginnen en weer ging men de diepte in. Voordat de laag van het heiligdom uit 1200 v.Chr. bereikt was, stuitte men echter opnieuw op een interessant bouwwerk, een ingewikkeld samenstelsel van verschillende kamertjes. Daar deed men een tekstvondst die een verrassend licht op de persoon van Bileam werpt, nl. 'Het geschrift over Bileam, de zoon van Beor'. Die vondst werd in 1967 gedaan en sindsdien is men bezig om te achterhalen, wat voor gebouw men nu eigenlijk heeft ontdekt. Is het ook een heiligdom, niet uit de twaalfde maar uit het eind van de achtste eeuw v.Chr.? In het verleden was het vrij gebruikelijk om tempels door de eeuwen heen steeds op dezelfde plaats op te richten. De vondsten tot nu toe (1984) hebben nog geen duidelijkheid over deze kwestie verschaft, maar wel moest het gebied waarover men de *tell* afgraaft, weer verder worden vergroot. Zo zal het archeologisch onderzoek in Deir 'Alla voorlopig nog wel jaren doorgaan.

De vondst van *Het geschrift over Bileam, de zoon van Beor* was trouwens een gelukkig toeval. Deze tekst is nl. op kalkpleister geschreven, een zeer broos materiaal dat makkelijk in kleine stukjes uiteenvalt. Brokjes kalkpleister worden bij opgravingen wel vaker gevonden en men besteedt er meestal geen bijzondere aandacht aan. Zo ging dat ook, toen men het gedeeltelijk verbrand en gedeeltelijk onverbrand puin ruimde dat van de genoemde kamertjes afkomstig was. Er werd geregistreerd dat zich tussen dit puin stukjes kalkpleister van een paar millimeter dik bevonden, maar deze werden verder niet bewaard. Totdat de Arabische voorgraver Ali, die zijn training nog bij de beroemde Engelse archeologe Kathleen Kenyon heeft gehad, op een gegeven moment ontdekte, dat er op die kleine brokjes pleister met inkt geschreven was. De opgraving werd stopgezet. Het was op het eind van het seizoen – een tijdstip waarop archeologen altijd in de hoogste versnelling gaan werken om alles nog op tijd af te krijgen en iedere bijzondere vondst met weinig geestdrift wordt begroet, het tijdstip ook waarop juist altijd bijzondere vondsten worden gedaan. Hoewel men dus niet om extra werk te springen stond, begreep men meteen, dat het hier om een vondst van het hoogste belang zou kunnen gaan, een vondst bovendien waarvoor alle vindingrijkheid nodig was om hem zo uit de grond te krijgen, dat er nog wat te ontcijferen zou zijn. De kalk kon immers makkelijk nog verder uiteenvallen en de inkt kon bovendien loslaten, met het gevolg dat de tekst geheel verloren zou gaan.

Met engelengeduld werden de brokstukken ter plaatse geconserveerd, terwijl men de afvalhoop op eventueel meer beschreven fragmenten contrôleerde. Een gigantisch karwei dat later in het museum werd voortgezet. Maar al het gepuzzel heeft een geweldig resultaat opgeleverd, want men heeft de 119 brokstukken kunnen samenvoegen tot een serie van twaalf aaneengesloten pleisterfragmenten (combinaties), die leesbaar zijn, ook al ontgaat de betekenis ons soms.

Het gaat om fragmenten: de gehele tekst is niet meer tevoorschijn gekomen. Men weet zelfs niet, hoe omvangrijk de tekst is geweest, al heeft men de lengte van de regels ongeveer kunnen schatten. Bovendien is een gedeelte van de tekst onleesbaar geworden, want tijdens de dag waarop dit gebouw verwoest werd, regende het! De pleistertekst die tot dan toe tegen weersinvloeden beschermd moet zijn geweest, kwam nu aan de elementen bloot te staan en de inkt werd weggespoeld. Toch is wat overbleef, interessant genoeg gebleken.

Een tekst op pleisterkalk is een vrij uitzonderlijke vondst, al heeft men in Kuntillet 'Adzjrud (zie hoofdstuk 11) vergelijkbare teksten gevonden. Waarschijnlijk zijn er echter veel meer van dit soort teksten geweest, maar die zijn niet meer teruggevonden omdat dit schrijfmateriaal zo teer is. Een aanwijzing in die richting vormt Deuteronomium 27:1-4,8 waarin het volk Israël de opdracht krijgt al de woorden van de wet op grote stenen te schrijven, nadat men deze met kalk bestreken heeft.

De tekst uit Deir 'Alla bevond zich waarschijnlijk op een

uitspringend gedeelte van een muur. Men kon er komen via een gangetje dat van boven werd bedekt door een rieten mat. Een nogal merkwaardige plaats om een tekst aan te brengen. Gedeeltelijk was de tekst omkaderd door een rode lijn, en de eerste woorden van elk hoofdstuk waren in rode in plaats van zwarte inkt geschreven, een gebruik dat reeds uit Egypte bekend was. Er waren ook afbeeldingen bij, o.m. een sphinx. Het gebruikte schrift lijkt het meeste op het Aramese alfabet; ook de taal vertoont de meeste overeenkomst met het Aramees.

Dat is opvallend, omdat Deir 'Alla in het vroegere Gilead ligt, een gebied dat tot Israël gerekend werd. Sprak men daar dan geen Hebreeuws? Daarbij komt, dat in de tekst nergens over de God van Israël gesproken wordt, alleen over niet-Israëlitische goden. Ook verder is er geen aanwijzing dat de schrijver van deze tekst een Israëliet was.

Nu is dit minder merkwaardig dan het lijkt. Gilead heeft een bewogen geschiedenis gehad. Nadat het door Israëlieten was gekoloniseerd, werd het van verschillende kanten bedreigd. Arameeërs, Ammonieten en Moabieten wilden deze vruchtbare landstreek veroveren. Aanvankelijk waren de Israëlieten sterk genoeg om deze buurvolkeren tegen te houden, maar na de dood van Achab veranderde dit (zie ook hoofdstuk 3). Met name de Arameeërs wisten belangrijke gedeelten van het gebied in handen te krijgen, ondanks het feit dat de Israëlitische koning Jerobeam II (787-747) Gilead nog eenmaal wist te heroveren. In 733 werd dit gebied door Assyrië geannexeerd, waarbij een gedeelte van de bevolking werd gedeporteerd. Het is dus niet te verwonderen, dat wanneer deze tekst op grond van het schrift en de vondstomstandigheden, omstreeks 700 v.Chr. gedateerd moet worden, hij niet meer door een Israëliet geschreven kan zijn, aangezien dit gebied zijn Israëlitisch karakter toen reeds geheel moet hebben verloren.

Wat staat er nu in de tekst uit Deir 'Alla? Helaas is de tekst nogal beschadigd en is de interpretatie van wat bewaard bleef, zeer omstreden. Het eerste gedeelte (de eerste combinatie) is nog het duidelijkst en daarvan wil ik hier een vertaling geven, maar ook wat betreft dit gedeelte niet zonder voorbehoud.

Combinatie 1
[Dit is het ge]schrift [over Bile]am, [de zoon van Be]or
de man (die) ziener van de goden is.
Hij! En de goden kwamen tot hem 's nachts
[en zij zeiden tot he]m
volgens de lastgeving van El
en zij zeiden tot Bileam, de zoon van Beor, aldus:
Hij zal doen ...
En Bileam stond op de volgende morgen ...
terwijl hij weende, ja weende.
En Elika kwam bij hem ...
Wa[ar]om weent gij?
En hij zei tot hen:
Gaat zitten!
Ik verkondig jullie wat Sjag[ar zal doen].
En gaat,
ziet het doen van de go[de]n!
[De gode]n verzamelden zich
en de Saddai-goden stelden zich op in de vergadering
en zij zeiden tot Sjagar:
Gij moogt breken de grendels van de hemel,
in uw wolk daar (zij) duisternis en geen lichtglans,
donkerte en niet uw ...
Gij moogt angst geven [door een] donkere [wol]k,
maar wees niet voor eeuwig toornig!
Want de *gierzwaluw* hoont de adelaar,
de stem van de gieren zal antwoorden.
... nood en benauwenis.
De jongen van de *aalscholver*, van de zwaluw, van de roofvogel,
   van de duif, van de mus ...
En ... stok.
Op de plaats waar de staf schapen bracht,
eten (nu) hazen het [g]ras.
...
... drinken wijn ...
Hoort de vermaning, vijanden van Sja[gar]!
...
[Een leerling] lacht de wijzen uit,
en een arme vrouw bereidt (zich) myrrhe-zalf
en een priesteres ...
...
...
Denk na, denk na, en denk na ...
...
En de doven horen van verre

...

En een ieder – zij zien de *verdrukking* van Sjagar en Astar

...

De panter doet het biggetje vluchten.

...

'Het geschrift over Bileam, de zoon van Beor' – het zou een passende titel zijn geweest voor het gedeelte Numeri 22-24, waar immers wordt verteld hoe Bileam door de Moabitische koning Balak werd gehuurd om het volk Israël te vervloeken – zonder succes overigens, want Bileam was niet in staat dit volk te vervloeken: hij kon het slechts zegenen.

Maar wat na deze titel volgt is geen tekst uit het Oude Testament, het is een verhaal met veel directe rede erin, waarin een godin de hoofdrol speelt. Als literair genre doet dit verhaal wel sterk denken aan de teksten over profeten in het Oude Testament, waarin men verhalende gedeeltes ziet samengaan met profetische uitspraken. Tot voor kort nam men aan, dat dit type literatuur alleen in Israël zou zijn voorgekomen, maar uit deze tekst blijkt dat ook Israëls buurvolkeren dit literaire genre hebben gekend.

Een niet-Israëlitisch verhaal over Bileam uit omstreeks 700 v.Chr. werpt natuurlijk een geheel nieuw licht op het gedeelte Numeri 22-24. Kennelijk was Bileam een in het Overjordaanse bekende figuur, die niet alleen de bijbelschrijvers tot verhalen en profetieën inspireerde. Maar is hij ook een historisch persoon geweest en wanneer leefde hij dan?

Wanneer men het verhaal uit Numeri 22-24 niet gekend zou hebben, zou men op grond van de tekst uit Deir ʿAlla Bileam in de achtste eeuw gedateerd hebben. De schrijver had hem nog persoonlijk gekend en wilde zijn daden en vooral zijn woorden vastleggen voor het nageslacht, zoals dat ook met de grote schriftprofeten uit het Oude Testament is gebeurd. Nu is men echter geneigd om te veronderstellen, dat de tekst over een ziener spreekt, die vijfhonderd jaar eerder leefde: in de tijd, dat het volk Israël het Beloofde Land naderde.

Dit lijkt mij weinig waarschijnlijk. De tekst uit Deir ʿAlla geeft allerminst de indruk uit een ver verleden te stammen of daarin te spelen. Daarbij komt dat de verhalen in Numeri een weinig historische indruk geven: naar mijn mening dateren zij uit de zesde eeuw v.Chr. en reageren zij op de omstandigheden van die tijd. Bij het ontwerpen van de verhalen heeft men de persoon van Bileam gebruikt, die in het Overjordaanse sinds de achtste eeuw bekend stond als ziener en vervloeker. In het niet vertaalde gedeelte van de tekst uit Deir 'Alla ziet men Bileam in zijn kwaliteit als groot vervloeker en de vonken spatten er vanaf. Juist deze ziener, die bij de gehate buurvolkeren in groot aanzien stond, is in het bijbelverhaal niet in staat Israël te vervloeken. Hij kan het volk van God slechts zegenen. Zo bezien behoort Numeri 22-24 tot de serie van teksten in het Oude Testament die zijn ontstaan als reactie op het vijandige optreden van Israëls buurvolkeren in het oosten en zuiden.

Toelichting bij de tekst

Om te zeggen, dat de eerste combinatie een glasheldere tekst is, zou enigszins overdreven zijn. Maar toch is het wel mogelijk het verhaal te volgen. Op een nacht krijgt Bileam bezoek van de goden, die gestuurd waren door El, de Kanaänitische oppergod, die in het Oude Testament met jhwh geïdentificeerd wordt. De boodschap die zij voor hem hebben is kort en niet meer te reconstrueren; maar in het vervolg heeft Bileam heel wat te vertellen, als hij wenend opstaat. Dit procédé waarin de goddelijke boodschap in tweede instantie veel omvangrijker blijkt dan aanvankelijk in het verhaal leek, komen wij ook in de Bijbel tegen, bijv. in het boek Jeremia.

De wenende Bileam krijgt opnieuw bezoek, ditmaal van een verder niet bekende Elika en enige andere personen. Hij vertelt hun wat er aan de hand is. Er is een vergadering van de goden geweest, een bekend mythologisch gegeven, dat ook in Psalm 82:1 voorkomt. Opmerkelijk is dat de goden als Saddai-ers worden aangeduid, omdat Saddai in de combinatie van El Saddai in het Oude Testament aan jhwh wordt gelijkgesteld. Kennelijk is El Saddai van oorsprong een groepsaanduiding geweest. Tegenover de Saddai-goden staat de godin Sjagar, die grotelijks vertoornd is en zeer duistere plannen koestert. De goden staan haar een woede-uitbarsting toe, waarbij zij een noodweer mag aanrichten, maar zij sporen haar aan haar toorn niet eeuwig te laten duren.

Het zal een moeilijke tijd worden, kondigt Bileam aan en hij gebruikt een reeks van beelden om de verschikkingen te omschrijven die de mensen te wachten staan, zoals ook de oudtestamentische profeten in felle kleuren het komende onheil beschrijven. Niet alle beelden zijn duidelijk, maar waar eens kudden schapen graasden, zullen dan alleen nog maar hazen te vinden zijn.

Op een gegeven ogenblik – waar dat precies in de tekst is, valt nu niet meer vast te stellen – gaat Bileam ertoe over zijn tijdgenoten rechtstreeks toe te spreken. Hij noemt hen 'vijanden van Sjagar' en wijst op de misstanden van zijn tijd. Het is het uit de Egyptische literatuur bekende beeld van de 'omgekeerde wereld', dat hij schildert. Een rampzalige tijd kenmerkt zich – volgens oudoosterse opvattingen – doordat de rollen in de samenleving zijn omgedraaid: de armen treden in plaats van de rijken, de rijken worden bedelaars. In dit geval bereidt een arme vrouw voor zichzelf kostbare zalf, in plaats van dat deze cosmetica aan de rijken is voorbehouden. De wijzen worden uitgelachen door hun leerlingen (tenminste als dat de juiste aanvulling is; tot nu toe vulde men 'dwazen' aan, maar dwazen lachen altijd om de wijzen – dus dat kan geen kenmerk van de 'omgekeerde wereld' zijn).

Bileam vermaant zijn gehoor: Denk toch na, want wat komen gaat is verschrikkelijk. Zelfs de doven zullen nog het geraas van het komende onheil reeds uit de verte horen. Evenals bij de oudtestamentische profeten is de onheilsaankondiging geen toekomstvoorspelling, maar een oproep tot bekering. De mensen moeten nadenken en weer orde op zaken stellen, dan zal Sjagar mogelijk van haar toorn afzien.

Wie is die godin Sjagar (klinkers onzeker), die zo kan toornen? Kennelijk was zij in deze streek een belangrijke godin, gezien de rol die zij in de tekst speelt. Uit andere tekstvondsten is zij echter niet bekend. Maar wel wordt er in Deuteronomium 7:13; 28:4, 18, 51 gesproken van de *sja-*

gar van uw runderen en de *asjtarot* van uw kleinvee. In die tekst gaat het om de jongen van het vee, die worden geworpen. Kennelijk gebruikt de bijbelschrijver twee godinnenamen in profane betekenis en was Sjagar een vruchtbaarheidsgodin evenals de veel beter bekende Astarte. Het is ook opvallend dat aan het eind van de eerste combinatie gesproken wordt over Sjagar en Astar, de mannelijke pendant van Astarte. Mogelijk had Sjagar vooral de functie voor de vruchtbaarheid en het welzijn van het (klein)vee te zorgen. Dan is het te begrijpen, dat zij in de tekst uit Deir 'Alla zo'n belangrijke rol speelt, want het houden van schapen was kenmerkend voor die streek. Daarom ook dat het een complete ramp is, wanneer – zoals Bileam aankondigt – in het land alleen nog maar hazen te vinden zullen zijn.

Hoewel het onderzoek naar de tekst uit Deir 'Alla nog volop in beweging is, staat het grote belang van deze tekst voor het oudtestamentisch onderzoek nu wel vast. Ook uit deze tekst blijkt dat de oudtestamentische literatuur veel minder geïsoleerd staat binnen de literatuur van Palestina dan vroeger wel werd aangenomen.

Ammonitische teksten

Ten oosten van Deir 'Alla ligt de hoogvlakte van Jordanië, waarop de huidige hoofdstad Amman ligt. De naam herinnert nog aan de vroegere bevolking, de zonen van Ammon of de Ammonieten. De resten van de vroegere hoofdstad Rabbat Ammon liggen ook op één van de heuvels, waarop Amman is gebouwd: de citadel.

Sinds 1961 zijn er ook teksten van de Ammonieten teruggevonden. Zij zijn gesteld in het Ammonitisch, een taal verwant aan het Hebreeuws en Aramees. In de negende eeuw gebruikte men hier een Aramees schrift, maar omstreeks 750 v.Chr. had men een eigen Ammonitisch alfabet ontwikkeld. Lang heeft dit niet bestaan, want in de Perzische tijd ging men weer over op een Aramees schrift. Vergeleken met de Mesa-steen en de tekst uit Deir 'Alla zijn de inscripties, ostraca en zegels uit het Ammonitische gebied veel minder interessant. Bovendien is de interpretatie van de teksten soms nog zeer omstreden. Het leek niet nodig alle Ammonitische tekstvondsten in dit boek op te nemen, maar de drie Ammonitische inscripties die zijn ontdekt, voegen toch enige informatie toe aan onze kennis van de culturele achtergrond van het Oude Testament, en worden daarom wel behandeld.

De inscriptie van de citadel te Amman

Tijdens opgravingen op de citadel van Amman, waar eens Rabbat Ammon heeft gelegen, werd in 1961 een inscriptie ontdekt. Deze steen was in de Oudheid als bouwmateriaal gebruikt en daardoor is de tekst ernstig beschadigd. Op grond van de vorm van de letters wordt de inscriptie omstreeks 850 v.Chr. gedateerd – de tekst is dus ongeveer uit dezelfde tijd als de steen van Mesa.

[Sprak tot mij Mi]lkom : Bouw u ingangen rondom ...
... als een ieder die u omringt, sterven ja sterven zullen zij ...
... Ik zal verwoesten, ja verwoesten. En een ieder die doet binnengaan ...
... En in iedere *zuilengang* zullen de rechtvaardig[en] overnachten ...
... (*onvertaalbaar*) ...
... Gij zult vrezen de zonen der goden ...
... (*onvertaalbaar*) ...
... vrede voor u en vr[ede *voor uw huis*].

Wanneer de aanvulling aan het begin juist is, gaat het hier om een bijzonder type bouwinscriptie, waarbij het de godheid is die de koning het bevel geeft om het bouwwerk (een heiligdom?) volgens zijn aanwijzingen te laten verrijzen. Op deze wijze claimt men voor het bouwproject een goddelijke autorisatie. Zulk soort teksten zijn ook uit Mesopotamië bekend.

Milkom, de nationale god der Ammonieten, die ook als zodanig in het Oude Testament voorkomt, koppelt aan zijn opdracht de belofte, dat hij de vijanden die Rabbat Ammon zouden willen belegeren, zal vernietigen en dat hij de koning vrede zal brengen, als daar vrees voor de goden tegenover staat.

Dit laatste herinnert reeds aan het Oude Testament, al wordt daar natuurlijk niet over 'de zonen der goden' maar slechts over één God gesproken. De tekst wordt echter bijzonder interessant, wanneer wij deze inscriptie vergelijken met Exodus 25 - 31, waarin God nauwkeurige aanwijzingen geeft, hoe het woestijnheiligdom er uit moet gaan zien. Dit bijbelgedeelte is ontegenzeggelijk veel uitvoeriger dan deze inscriptie, maar het principe is wel hetzelfde. Het heiligdom wordt niet door de bouwer ontworpen, maar door de godheid.

De inscriptie van Tell Siran

Op Tell Siran even buiten Amman werd in 1972 een bronzen flesje gevonden van 10 cm lengte. Op de buitenkant is een inscriptie aangebracht, die nog goed leesbaar is en omstreeks 600 v.Chr. gedateerd wordt.

> De werken van Amminadab, de koning van de zonen van Ammon,
> de zoon van Hissil-el, de koning van de zonen van Ammon,
> de zoon van Amminadab, de koning van de zonen van Ammon,
> (zijn) de wijngaard en de tuinen en de *vijvers*
> en waterreservoirs.
> Moge hij juichen en zich verheugen
> gedurende vele dagen en in verre jaren!

De tekst wordt duidelijk, wanneer men aanneemt, dat met 'de werken van Amminadab' de wijngaard, tuinen, vijvers (?) en waterreservoirs bedoeld worden, die in het vervolg genoemd worden. Het gaat hier dan om een bouwinscriptie, die niet eindigt in een vervloekingsformule zoals gebruikelijk, maar in een zegenwens voor de koning.

Het blijft dan wel een raadsel, waarom deze tekst niet op een steen is gebeiteld, maar is ingegrift op een bronzen flesje. Dit flesje was zorgvuldig gesloten, zodat men de inhoud ervan nog kon bestuderen. Behalve een niet meer te identificeren koperen voorwerp bevatte het verschillende soorten graan en zaden. Men zou gaan denken aan een grafgift, waarbij dit graan symbool zou kunnen zijn voor het voedsel, dat de koning werd meegegeven in de dood. De zegenwens aan het slot van de tekst zou in dit geval echter weinig passend zijn, zodat de functie van dit flesje duister blijft.

Van de genoemde koningen was 'grootvader' Amminadab reeds bekend uit Assyrische bron. De uitvoerige opsomming dient ertoe om de wettigheid van Amminadabs koningschap te onderstrepen.

De inscriptie van het theater te Amman

In 1961 werd tijdens opgravingen in het Romeinse theater van Amman een brokstuk ontdekt met daarop een fragment van een inscriptie, die omstreeks 575 v.Chr. gedateerd wordt.

> ... – baäl. Ik zal bouwen ...
> ... de zonen van *Ammo*[n] ...

Hoe weinig van de tekst ook over is gebleven, wel is het duidelijk dat het hier om een fragment van een Ammonitische bouwinscriptie gaat.

De Ammonitische inscripties sluiten dus nauw aan bij wat in het oude Nabije Oosten gebruikelijk was. Het zijn bouwinscripties, waarin de koning centraal staat. Van zulk soort inscripties zijn in Israël slechts twee fragmenten gevonden (zie blz. 57 en blz. 76) en zelfs in die gevallen zijn wij niet geheel zeker of het wel om koningsinscripties gaat.

De meest opvallende van deze Ammonitische teksten is de Citadelinscriptie wegens de parallel met Exodus 25-31. Uit al deze vondsten wordt steeds duidelijker hoe de Israëlitische cultuur één geheel vormde met de cultuur van de nabuurvolkeren. Dat maakt het des te verwonderlijker dat in de loop van de achtste, zevende en zesde eeuw v.Chr. in Israël een theologische literatuur ontstond, die zo volledig lijkt te breken met het algemene religieuze gevoel van die tijd. Israël was dus niet van oorsprong aan een 'witte raaf' onder de volkeren, zoals sommigen wel denken, maar is het wel geworden onder invloed van de grote profeten als Jesaja en Jeremia.

7. MIJN HEER, DE OVERSTE, MOGE HOREN

Een klacht uit Javne Jam

Bij de bestudering van de Oudheid zijn het steeds de mensen van de hogere klassen over wie wij geïnformeerd worden. Zij waren het meestal die de schrijfkunst machtig waren, of de schrijvers stonden in hun dienst en schreven vanuit de vooroordelen van de heersende klasse. In de ogen van de rijken waren de armen meestal geen individuen, maar een geheel: de menigte, de massa. En die massa beschouwden zij als dom, onbetrouwbaar, onbestendig en potentieel gevaarlijk. Voor de noden van deze meerderheid van de bevolking had men maar beperkt oog.

Ook de teksten waarmee wij tot nu toe kennis hebben gemaakt, zijn vervaardigd ten behoeve van de hoogsten van de Israëlitische maatschappij: de koning, de hovelingen, de priesters en de schrijvers. Zelfs de zogenaamde boerenkalender uit Gezer bleek niet door een boerenzoon geschreven te zijn, maar door een toekomstig ambtenaar, die zijn opgedane kennis over de werkzaamheden van een boer later gebruikt zal hebben om 's konings onderdanen op het juiste tijdstip belasting op te leggen.

Des te opmerkelijker is de tekstvondst die in dit hoofdstuk centraal staat: een petitie aan de plaatselijke machthebber namens een landarbeider, waarschijnlijk een dagloner die tot de armsten van de toenmalige maatschappij moet hebben behoord. In deze tekst uit de zevende eeuw komt dus een lid van de naamloze massa aan het woord. Op zich is dit een teken, dat in deze periode het gebruik van het schrift sterk moet zijn toegenomen. Niet langer waren het alleen de hoogste klassen die van deze vinding profiteerden. Toch ligt het niet voor de hand, dat deze landarbeider de pen heeft gehanteerd en zelf zijn petitie op een grote scherf (20 cm bij 7½-16½ cm) heeft vastgelegd. Want het schrift verraadt een geoefende hand.

Daarom zullen wij ons de gang van zaken als volgt moeten voorstellen: de dagloner is naar een beroepsschrijver gegaan, die bij de ingang van de residentie van de plaatselij-

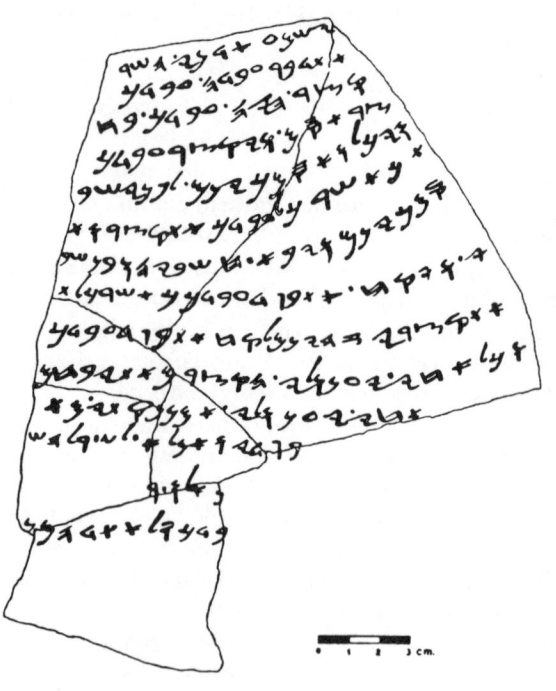

Afb. 11. Ostracon uit Javne Jam.

ke magistraat zijn beroep uitoefende. Zo ziet men nu nog bij de ministeries en andere regeringsgebouwen in Amman (Jordanië) schrijvers zitten op een stoeltje achter een klaptafel met daarop een schrijfblok of tegenwoordig ook wel een schrijfmachine. Om hen heen een zenuwachtige groep mensen, die met formulieren zwaaien welke nog moeten worden ingevuld. Aan zo'n schrijver vertelde de landarbeider (wij weten zijn naam niet; evenmin de naam van de 'overste' aan wie de petitie gericht is) wat hij moest schrijven. Vervolgens heeft de schrijver het verzoekschrift in de ambtelijke taal van die tijd opgesteld. Toch verraadt de tekst nog de agitatie van onze onbekende landarbeider: de opbouw is niet overal helder en de schrijver herhaalt zich. Het lijkt erop dat de landarbeider de schrijver steeds weer nieuwe opdrachten gaf om bepaalde zinnen in de petitie te zetten.

De zaak waarover het ging, was dan ook van groot belang voor hem. Men had hem zijn kleed afgenomen en dat wilde hij terugkrijgen. Wanneer hij inderdaad een dagloner was en niet een vrije boer opgeroepen voor herendienst (zoals sommige onderzoekers aannemen), moet dit kleed ongeveer zijn enige bezit in de wereld zijn geweest. Het deed niet alleen als kleding maar ook als deken dienst. Juist om deze reden is er in de Tora een wetsregel opgenomen, die men in Exodus 22:25-26 (NBG: 26-27) en Deuteronomium 24:12-13 vindt:

> Indien gij in pand, ja in pand neemt de mantel van uw naaste – voordat de zon ondergaat zult gij haar teruggeven.
> Immers dat alleen is zijn bedekking; dat is het opperkleed voor zijn huid. Waarin zal hij zich (anders) neerleggen?
> En het zal zijn dat wanneer hij tot Mij schreeuwt, Ik zal horen; immers genadig ben Ik. (Exodus 22:25-26)

God stelt Zich in deze tekst dus garant voor de armsten onder het volk: hun opperkleed moet door de schuldeiser 's avonds worden teruggegeven; dan kan hij het de volgende dag weer als pand in bezit nemen.

Het lijkt er dus op, dat als in dit geval ook het kleed bij wijze van pand in beslag is genomen, de landarbeider het recht aan zijn kant had en hij zijn kleed had moeten terugkrijgen voor de nacht. Dat is niet gebeurd, zoals nog uit de tekst zal blijken. Hij spreekt echter niet over deze wetsregel in zijn petitie, hetzij omdat de regel hem om een of andere reden niet bekend was, hetzij omdat hij een onderworpen toon beter vond passen bij zijn ellendige situatie. Hij wilde bovendien zijn kleed niet alleen voor de nacht terughebben, maar voor altijd. Hij was immers onschuldig.

De petitie is – zoals gezegd – op een grote potscherf geschreven, die reeds eerder als ostracon moet hebben gediend. Helaas is deze scherf in de loop van de tijd gebroken en heeft men niet alle fragmenten kunnen terugvinden tijdens de opgravingen die in 1960 plaatsvonden op een plaats 1,6 km ten zuiden van Javne-Jam, die men Meṣad Ḥasjavjahu heeft gedoopt. De tekst is dus niet meer compleet; bovendien zijn enkele letters onduidelijk. Zoals gebruikelijk is men het over de interpretatie van een aantal moeilijke passages niet eens. Met enig voorbehoud kan men de tekst echter als volgt vertalen:

Mijn heer, de overste, moge horen naar het woord van zijn knecht. Uw knecht is een oogster. Uw knecht was in Chatsar Asam en Uw knecht oogstte. En hij voltooide en hij heeft opgeslagen gedurende deze dagen alvorens te stoppen. Toen uw [kn]echt zijn oogsten volto[oid had] en opgeslagen had gedurende deze dagen, kwam Hosajahu, de zoon van Sobai, en hij nam het kleed van uw knecht, toen ik voltooid had mijn oogsten. Het zijn (nu reeds enige) dagen (dat) hij genomen heeft het kleed van uw knecht en al mijn broeders kunnen voor mij getuigen, zij die met mij oogstten in de hitte [van de zon]. Mijn broeders zullen voor mij getuigen: Amen! Ik ben onschuldig aan enige sch[uld. Geef toch terug] mijn kleed, opdat *ik in het gelijk word gesteld*! Het (is mogelijk) voor de overste om terug te ge[ven het kleed] van zijn kne[cht. En beto]ont met hem mede[lijden, opdat gij zult terug]geven het [kleed van uw kn]echt. En niet moogt gij *zwijgen* ...

De tekst begint meteen met een oproep tot de overste om naar de landarbeider te luisteren. De vaste begroetingsformule, die men in brieven uit deze tijd aantreft (zie hoofdstuk 8 en 9) ontbreekt evenals een adressering. Kennelijk gaat het hier niet om een brief, maar om een verzoekschrift dat rechtstreeks aan de overste werd overhandigd. Voor deze eerste regel bestaat trouwens een mooie parallel in het Oude Testament. In 1 Samuël 26:19 zegt David tot Saul:

Welnu, moge toch horen mijn heer, de koning, naar de woorden van zijn knecht.

De omstandigheden waarin David volgens het verhaal verkeerde en de situatie van de landarbeider zijn trouwens vergelijkbaar. David werd ten onrechte door Saul vervolgd, de landarbeider is ten onrechte zijn kleed afgenomen. Beiden vragen te horen naar hun woorden, waarbij moet worden opgemerkt, dat het Hebreeuwse woord *dawar* niet alleen 'woord' maar ook 'zaak', in het bijzonder 'rechtszaak' kan betekenen. Zowel de koning als de overste worden verzocht aandacht te besteden aan de argumenten die 'zijn knecht' naar voren wil brengen om zijn zaak te bepleiten.

Er is al opgemerkt, dat wij de naam van de 'overste' niet kennen. Ook de precieze aard van zijn functie is niet zonder meer duidelijk. Het Hebreeuwse woord *šar*, dat hier met 'overste' wordt vertaald, duidt in de eerste plaats een militaire aanvoerder aan. In Exodus 18:13-26 staat het echter voor een soort van rechters. Wat dit ostracon betreft lijkt het erop, dat het hier om de commandant van een fort gaat, die ook tot taak had het gebied rond dit fort te besturen en er recht te spreken. In dit gebied moet dan het verder onbekende plaatsje Chatsar Asam (letterlijk: 'dorp van de graanschuur') hebben gelegen, waar het incident plaatsvond.

Datering

Het fort waar het hier om gaat en in de resten waarvan dit ostracon samen met enige andere, zeer fragmentarisch beschreven scherven werd gevonden, heeft niet lang bestaan. Het werd nl. gebouwd in de korte periode van expansie die Juda onder koning Josia (639-609 v.Chr.) heeft gekend. Juda was in de periode daarvoor een vazalstaat van het Assyrische rijk geweest. Maar tijdens de regering van Josia nam de macht van Assyrië sterk af door toedoen van de Meden en de in opstand gekomen Babyloniërs. Hierdoor kreeg Josia kans zich onafhankelijk van Assyrië op te stellen en bovendien gebieden van het voormalige noordelijk koninkrijk Israël bij Juda te voegen. Die gebieden moesten natuurlijk militair verdedigd worden, niet zozeer tegen de Assyriërs die het met de Meden en Babyloniërs voldoende te stellen hadden, als wel tegen Egypte, dat ook van de zwakte van Assyrië wilde profiteren.

Het fort van Meṣad Ḥashavjahu is dus waarschijnlijk door Josia opgericht om de pas veroverde kustvlakte te verdedigen.

Opvallend bij de opgraving was de grote hoeveelheid Oost-Grieks aardewerk die men in het fort aantrof. Hieruit heeft de opgraver, J. Naveh, geconcludeerd, dat hier een groep Griekse huurlingen gelegerd moet zijn geweest. In die tijd stonden Grieken en Kariërs in dienst van de pharao, maar uit de ostraca uit Arad (zie hoofdstuk 8) blijkt, dat ook de Judese koningen over Griekse huurlingen de beschikking hebben gehad. De Grieken hadden nl. een betere wapenuitrusting en een betere militaire techniek dan hun tijdgenoten en waren daarom militair superieur. Door de overbevolking in hun geboorteland waren zij bovendien genoodzaakt elders een bestaan op te bouwen.

Het fort heeft – als gezegd – maar kort bestaan; het werd waarschijnlijk reeds in 609 v.Chr. verlaten, toen aan de nationalistische dromen van Josia een abrupt eind kwam. In dat jaar besloot de Egyptische pharao Neko II de vroegere aartsvijand Assyrië te hulp te komen, toen de Meden en Babyloniërs reeds de meeste Assyrische steden hadden ingenomen. Neko had kennelijk meer belang bij een verzwakt Assyrië, dat van Egyptische hulp afhankelijk zou zijn, dan wanneer dit rijk geheel van de kaart zou verdwijnen. Hij begaf zich daarom met zijn leger op weg naar de laatste resten van het Assyrische rijk in Syrië om aldaar weerstand te bieden tegen de Babyloniërs. Hij hoopte ongetwijfeld, dat bij een overwinning de Assyrische koning hem het gebied van Syrië-Palestina zou schenken, dat zeshonderd jaar eerder voor Egypte was verloren gegaan.

Neko moest echter met zijn troepen door Judees grondgebied trekken en dat was niet naar de zin van Josia. Hij begreep, dat het bij een Egyptische overwinning met de onafhankelijkheid van Juda weer gedaan zou zijn. Bovendien, als hij Neko zou kunnen tegenhouden, zou hij bij de Babylonische koning zeker in de gunst komen. Wellicht dat die Juda dan ongemoeid zou laten. Ondanks de waarschuwing van Neko hem met rust te laten, beproefde Josia zijn geluk in de vlakte van Megiddo, waar de opmars van het Egyptische leger het gemakkelijkste tot staan kon worden gebracht. Het werd zijn dood. In die tijd (609 v.Chr.) moet het fort van Mesad Hasjavjahu ook zijn verlaten.

Toedracht van het incident

Maar laten wij terugkeren naar het ostracon. Hoewel de tekst vrij duidelijk lijkt, blijft bij nader toezien toch veel in het ongewisse. In welk verband was onze landarbeider aan het oogsten? Was hij een boer die verplicht was ook op het veld van de koning voor een bepaalde tijd te werken, of was hij een dagloner die zijn werk niet had afgemaakt? En wie is Hosajahu, de zoon van Sobai? Was hij

96

een koninklijk ambtenaar die toezicht moest houden op de oogst? Of was hij een voorman, zoals in Ruth 2:5-6 een knecht voorkomt die over de maaiers was gesteld? In Assyrië was het zo geregeld, dat een voorman in die zin verantwoordelijk was voor het werk van zijn maaiers, dat wanneer zij niet op kwamen dagen, hij een boete moest betalen. Als Hosajahu een vergelijkbare overeenkomst had afgesloten, wordt het begrijpelijker dat hij geen middel schuwde om het werk gedaan te krijgen en hij onze landarbeider zijn kleed afnam om hem zo onder druk te zetten.

Als ik de tekst goed begrijp, had onze oogster volgens hem zijn aandeel geheel voltooid, toen Hosajahu zijn maatregel nam.

Het was nl. zo geregeld, dat iedere maaier een gedeelte van de akker moest oogsten – dat werd van tevoren afgesproken. Hij duidt dit deel aan met 'mijn oogsten'. Hosajahu was het kennelijk niet met hem eens, toen hij beweerde zijn werk af te hebben, en heeft toen zijn kleed genomen om te voorkomen, dat hij zonder meer zou weg gaan. Het incident heeft enige dagen daarvoor plaatsgehad, maar Hosajahu heeft kennelijk zijn mening niet herzien. Daarom richt de oogster zich nu tot de 'overste', die in staat wordt geacht om Hosajahu te dwingen hem zijn kleed terug te geven.

Hij is immers onschuldig en wanneer de overste hem niet gelooft, dan willen zijn kameraden op het werk, zijn 'broeders', wel voor hem getuigen. Zij zullen op de vraag van de overste 'amen' zeggen: Ja, zo is het. Onze broeder had zijn aandeel aan het oogsten voltooid, toen Hosajahu zijn kleed in beslag nam.

Het slot van de petitie is moeilijk te vertalen. In ieder geval doet de oogster nogmaals een dringend beroep op de overste, waarbij hem niet alleen wordt gevraagd recht te doen, maar ook medelijden te hebben. Kennelijk is de oogster er niet zonder meer van overtuigd, dat hij in het gelijk gesteld zal worden (de vertaling van het Hebreeuws is hier trouwens zeer onzeker).

Of zijn pleidooi succes gehad heeft en de overste niet heeft gezwegen, of dat hij de zaak op zijn beloop heeft gelaten, weten wij niet. Van Josia wordt door Jeremia (22:16) gezegd, dat hij de ellendige en arme recht deed wedervaren, maar of zijn ondergeschikten deze beleidslijn hebben gevolgd, is een open vraag. Desondanks geeft dit ostracon ons een verrassend direct beeld van het leven van een arme landarbeider in Juda omstreeks 620 v.Chr. en maakt deze tekst duidelijk wat nu concreet bedoeld werd met het opkomen voor het recht van de armen, waartoe de profeten hun tijdgenoten opriepen.

8. AAN ELJASIB, WELNU

Ostraca uit Arad

Tel Arad ligt ca. 30 km ten oosten van Berseba en ten zuiden van Hebron aan de zuidgrens van het vroegere koninkrijk Juda. De identificatie van Tel Arad met het Arad, dat viermaal in het Oude Testament genoemd wordt (Num.21:1; 33:40; Joz.12:14 en Ri.1:16), wordt zeker geacht, hetgeen uitzonderlijk is binnen de historische geografie van het land Israël.

Van 1962 tot en met 1967 is hier gegraven door de Israëliërs, en met goede resultaten. Er werd niet alleen een grote stad uit de Vroege Bronstijd gevonden, maar ook een fort uit de IJzertijd. Dat fort lag buiten de grenzen van de stad uit de Vroege Bronstijd, die reeds in 2600 v.Chr. verwoest werd en sindsdien niet meer is opgebouwd. Toen omstreeks 1000 v.Chr. weer een dorpje op de heuvel ontstond, kwam er een einde aan het hiaat in de bewoning van deze plaats. Dit hiaat is des te opvallender, omdat de reeds genoemde passages in het Oude Testament alle spelen in een tijd, dat Arad niet meer of nog niet bestond (afhankelijk hoe je het bekijkt).

Dit is een bekend probleem binnen de geschiedenis van het oude Israël. Ook Jericho en Ai waren niet of nauwelijks bewoond in de tijd van Jozua. Kennelijk is dit aan de bijbelschrijvers niet bekend geweest, toen zij deze verhalen componeerden.

De citadel van Arad is in de tijd van Salomo (omstreeks 950 v.Chr.) gebouwd, maar werd waarschijnlijk reeds door pharao Sjosjenk I (=Sisak) verwoest tijdens zijn inval in het land Israël in 922 v. Chr. Kort daarop werd Arad weer herbouwd, maar tijdens de zgn. Syro-Efraïmitische oorlog in 734 v.Chr. opnieuw verwoest. De derde verwoesting vond in 701 v.Chr. plaats tijdens de Assyrische strafexpeditie tegen Hizkia (zie hoofdstuk 5). Tijdens het bewind van de Judese koning Josia (zie hoofdstuk 7) werd het fort ingrijpend verbouwd, maar lang heeft het niet gestaan, want waarschijnlijk werd het omstreeks 609 door de Egyptenaren met de grond gelijk gemaakt tijdens het conflict tussen pharao Neko en Josia, dat in hoofdstuk 7 is besproken.

De daarop volgende verwoesting van Arad is zo nauw verbonden met de geschiedenis van de laatste jaren van het koninkrijk Juda, dat het nuttig is deze nader te bezien. Na de dood van Josia hebben de Judese edelen zijn zoon Sallum als koning naar voren geschoven. Hij nam de troonsnaam Joachaz aan. Daarbij werd zijn oudere halfbroer Jojakim gepasseerd. Toen Neko echter terugkeerde van zijn expeditie tegen de Babyloniërs, zette hij Joachaz af en verving hem door Jojakim, die hem een zware schatting betaalde, waarvoor hij tempel en onderdanen plunderde (vgl. 2 Kon.23:31-35). Zo was Juda een vazalstaat van Egypte geworden.

Lang duurde deze Egyptische expansie niet. In 605 v.Chr. werden de Egyptenaren bij Karkemis door de Babyloniërs verslagen. Toen werd het ook voor Jojakim tijd om de bakens te verzetten; hij werd vazal van Babel, zij het niet van harte, en betaalde voortaan aan koning Nebukadnessar schatting. Omstreeks 601 v.Chr. deed de Babylonische koning een poging om Egypte binnen te vallen, echter zonder succes. Dit was voor Jojakim aanleiding om weer van partij te wisselen.

Dat bleek een politiek uiterst onverstandige manoeuvre, want toen Nebukadnessar zijn troepen weer op sterkte had, sloeg hij terug. In 598 bereikten de Babyloniërs Juda en sloegen het beleg voor Jeruzalem. In die tijd stierf Jojakim, zesendertig jaar oud. Sneuvelde hij, werd hij vermoord of bezweek hij aan een ziekte? De bronnen zijn hierover onduidelijk. Zijn zoon Jojakin (Chonja) volgde hem op en probeerde te redden wat er nog te redden viel, zoals in het volgende hoofdstuk zal blijken. In die tijd nu (februari 597 ?) moet ook Arad opnieuw zijn verwoest.

In Tel Arad zijn meer dan honderd Hebreeuwse (en daarnaast ook ongeveer evenveel Aramese) ostraca gevonden, vanaf de tijd van Salomo tot in de Perzische tijd. Dit aantal is bijzonder indrukwekkend, maar de meeste teksten zijn slecht leesbaar of weinig interessant van inhoud. Wel zijn deze ostraca belangrijk vanuit een epigrafische gezichtshoek. Door de vele nauwkeurig te dateren verwoestingen van Arad zijn ook zij goed te dateren. Zo kunnen zij een houvast bieden bij de paleografische datering van andere teksten.

Gezien de opzet van dit boek komt maar een beperkt aantal ostraca uit Arad voor bespreking in aanmerking, en wel de nummers 1-5, 7, 8, 16-18, 21, 24, 40, 88 en het in 1976 gevonden ostracon 111. Van deze ostraca horen de eerste groep (tot en met nr. 18) bij elkaar; zij zijn omstreeks 600 v.Chr. te dateren. Uit die tijd stammen ook 21, 24 en 111. Ostraca 40 en 88 zijn ouder: ostracon no. 40 mogelijk eind 8e eeuw, no. 88 omstreeks 608 v.Chr. Deze twee ostraca behandelen wij daarom als eerste.

Ostracon 40

Ostracon 40 is beschadigd: ongeveer een derde is verloren gegaan en de letters zijn ten dele vervaagd. De eerste uitgever van deze en de andere teksten uit Arad, Aharoni, geeft in zijn editie een vrij volledige tekst, maar omdat veel van wat hij meende te kunnen lezen op gissing berust, geef ik alleen een vertaling van wat zeker leesbaar is.

> Uw zonen Gemar[jahu] en Nechemjahu zend[en groeten aan] Malkijahu ... Welnu ... voor wie ... de man ... met u ... En zie: gij weet het ... Edom ... de dag en ... en hij, hij heeft de brief gevraagd ... De koning van Juda weet ... wij kunnen niet zenden ... [di]t is het kwaad dat Edo[m] ...

Hoe fragmentarisch ook, toch biedt deze brief van Gemarjahu en Nechemjahu, die kennelijk ondergeschikten ('zonen') waren van Malkijahu, waarschijnlijk de commandant van Arad aan het einde van de achtste eeuw v.Chr., enige historische informatie. De beide briefschrijvers zijn kennelijk in moeilijkheden geraakt door het kwaad dat Edom heeft gedaan. Daarmee is mogelijk een militaire inval bedoeld.

De Edomieten waren een aan de Israëlieten verwant volk en golden als de nazaten van Esau, Jakobs minder fortuinlijke broer. Lange tijd, zij het met onderbrekingen, zijn zij aan Israël en later Juda onderworpen geweest, maar in de tijd waarin dit ostracon geschreven werd, waren zij weer onafhankelijk. Doordat zij zelf grote problemen met opdringende Arabische stammen hadden, streefden zij ernaar de Negev op Juda te veroveren – een opzet waarin zij na de vernietiging van het koninkrijk Juda in 586 v.Chr. zijn geslaagd. Daarmee haalden zij wel een groot aantal onheilsprofetieën over hun hoofd, waarvan men een neerslag in het Oude Testament vindt. Maar ook in de achtste eeuw v.Chr. waren er conflicten tussen Edom en Juda en dat is het kader waarin wij deze brief zullen moeten plaatsen.

Ostracon 88

Ondanks de fragmentarische staat van dit ostracon, is no.88 bijzonder interessant:

> Ik, ik ben koning geworden in ... Versterk (uw) arm en ... De koning van Egypte voor ...

Omdat het ostracon op het oppervlak van de *tell* is gevonden, kan men het alleen op grond van de vorm van het schrift (paleografisch) dateren. Men komt dan uit op de tweede helft van de zevende eeuw. Volgens Aharoni zou het hier gaan om de officiële proclamatie van Sallum / Joachaz, toen hij in 609 zijn vader Josia opvolgde. Hij zou oproepen tot een algemene mobilisatie tegen Egypte; 'versterk uw arm' betekent zoiets als 'mobiliseer u'.

Maar volgens Jadin, de bekende opgraver van o.m. Masada, gaat het hier om een copie van een brief aan Josia geschreven door de laatste Assyrische koning, waarin deze hem verzoekt Neko II door zijn grondgebied te laten trekken (zie hoofdstuk 7). Dat is weinig waarschijnlijk: de Assyrische koning zou zeker in het Aramees hebben geschreven. Bovendien, hoe zou de commandant van Arad een copie van een brief van de Assyrische koning in handen hebben kunnen krijgen? Wel heeft Jadin gelijk, wanneer hij opmerkt, dat een proclamatie van een Judees koning natuurlijk nooit op een potscherf kan zijn verstuurd; daar gebruikte men papyrus voor.

Waarschijnlijker lijkt de interpretatie, dat het hier om een schrijfoefening gaat, waarbij de leerling gedeelten van een officiële tekst heeft gecopieerd. Of de bewuste koning, waarover de tekst spreekt, Joachaz is geweest, is dan niet met zekerheid te zeggen. Het hangt af van de datering van het ostracon.

Zoals reeds opgemerkt, de Arad-ostraca 1-18 horen bij elkaar. Zij stammen uit een archief, waarin de commandant van Arad lopende brieven en memo's bewaarde. Zijn naam was Eljasib en blijkens zegelvondsten moet hij reeds ten tijde van Josia deze functie hebben gekregen. Hij bewaarde zijn lopende stukken in een kamer in de kazematmuur van de vesting – althans daar zijn deze ostraca gevonden. Op grond van de ostraca 1, 7 en 17 heeft men kunnen opmaken, dat Eljasib de ostraca die hij kreeg, maar voor korte tijd bewaarde. Het was waarschijnlijk zo, dat hij eens in de maand de gegevens uit de ostraca overschreef in zijn officiële rapport, waarvoor hij papyrus zal hebben gebruikt. De ostraca die zijn teruggevonden, zijn dus per toeval bewaard gebleven, omdat Eljasib geen kans meer had zijn boeken bij te werken, toen de Babyloniërs Arad in 597 v.Chr. innamen. Men kan de ostraca dus precies dateren; zij moeten stammen uit het begin van 597.

Rantsoenering

De meeste teksten hebben betrekking op rantsoenen en de Franse epigraaf Lemaire heeft nauwkeurig berekend, hoeveel die hebben bedragen. Men rekende in periodes van vier of van zes dagen. Het rantsoen voor vier dagen bestond uit 300 broden en 2 *bat* wijn; voor zes dagen uit 3 *bat* wijn en 1 maat meel. Dit lijkt wel een opgave, zoals wij die vroeger op de lagere school kregen: als dit gegeven is, hoeveel wijn kreeg men dan per dag en hoeveel gram brood? Eerst wat betreft het brood. Men ziet, dat men bij vier dagen 300 broden kreeg, voor zes dagen echter 1 maat (ongeveer 450 liter) meel. Vier dagen was kennelijk het maximum voor brood om nog eetbaar te zijn; daarom kreeg men voor zes dagen meel om zelf brood te bakken. 450 liter meel voor zes dagen, is 300 liter meel voor vier. Voor het bakken van één brood was dus een liter meel nodig. Op grond van Jeremia 37:21 mag men aannemen, dat het rantsoen brood voor één persoon per dag op één brood gesteld was. Enig rekenwerk toont dan aan, dat het betreffende rantsoen bestemd moet zijn geweest voor een groep

103

van 75 personen. Nu krijgt deze groep 2 *bat* wijn voor vier dagen, oftewel een halve *bat* per dag. Over de inhoud van een bat is men het niet eens. Volgens de een gaat het om 24 liter, volgens een ander om 40-45 liter. Op grond van deze rantsoenlijst lijkt het tweede waarschijnlijker dan het eerste. Anders zouden de ontvangers van het rantsoen tevreden moeten zijn geweest met een-zesde liter per dag. En dat is voor een mediterraan volk toch onvoorstelbaar.

Interessant is dat deze groep van 75 personen worden aangeduid als de Kittiërs, want dit is de Hebreeuwse naam voor het Griekstalige gebied. De naam is waarschijnlijk afgeleid van Kition op Cyprus. In later Hebreeuws is het de naam voor de Romeinen geworden (vgl. Dan. 11:30), maar in deze tekst moet het om Grieken gaan, die evenals de bewoners van het fort bij Javne Jam (zie hoofdstuk 7) als huurlingen bij de Judese koning in dienst waren.

Ostracon no. 1

> Aan Eljasib. Welnu, te geven aan de Kittiërs wijn 3 bat, en schrijf de naam van de dag. En wat nog (over is) van het eerste meel zult gij doen *opladen*, 1 maat meel om te maken voor hen brood. Van de wijn (bestemd voor) de mengvaten zult gij geven!

Dit is de eerste van de serie ostraca met opdrachten inzake de rantsoenering. Blijkens de autoritaire stijl zijn zij van een superieur van Eljasib afkomstig, wiens naam niet wordt vermeld. 'Schrijf de naam van de dag' herinnert aan Ezechiël 24:2:

> Mensenzoon, schrijf u de naam van de dag, ja van deze dag precies!

Eljasib krijgt dus de opdracht in zijn officiële boekhouding de datum te noteren van de leverantie.

Wat precies met 'het eerste meel' wordt bedoeld, is niet geheel duidelijk. Gaat het hier om meel van de eerste graanoogst van het jaar, of meel van de eerste maling? Er is al opgemerkt, dat de Kittiërs zelf hun brood bakten, als het rantsoen voor meer dan vier dagen tegelijk kwam.

Bij wijze van P.S. voegt de opdrachtgever nog een opmerking toe, dat de Kittiërs speciale wijn bestemd voor mengvaten (*kraters*) moeten krijgen. Daarvoor had hij van wijn in het algemeen gesproken, maar kennelijk bedacht, dat dit misverstanden kon wekken. De Grieken waren immers gewend om hun wijn met water te mengen: die wijn moest dus sterker zijn dan de normale Judese wijn.

Ostracon no. 2

> Aan Eljasib. Welnu, te geven aan de Kittiërs 2 bat wijn voor de vier dagen en 300 broden. *En vul (met) schuimende wijn,* en gij zult (die) morgen overhandigen. Talm niet! En indien er nog wijnazijn is, dan zult gij (die) geven aan hen.

Dit maal proviandering voor vier dagen. De keuze van de wijn baart de opdrachtgever opnieuw zorgen. Dit keer heeft hij het niet over krater-wijn, maar over schuimende wijn, d.w.z. nog gistende wijn. Dit type wordt in Deuteronomium 32:4 genoemd (vgl. Psalm 75:9). Tenslotte spreekt hij over wijnazijn, dat ook als drank kon dienen (vgl. Ruth 2:14; Psalm 69:22; Matt.27:48 en parallelplaatsen).

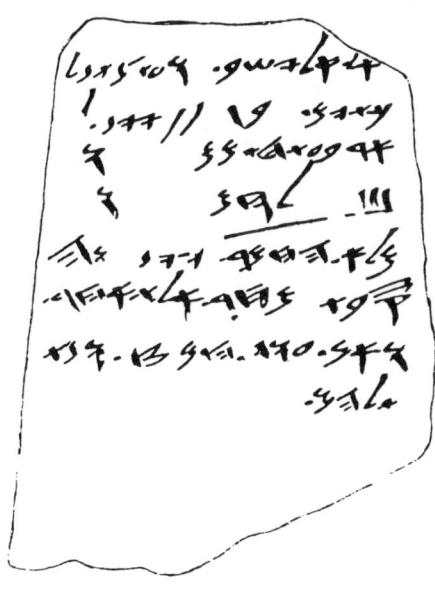

Afb. 12. Ostracon no. 2 uit Arad.

Aan Eljasib. Welnu, geef van de wijn 3 bat. En Chananja heeft u bevolen naar Berseba (te gaan) met de lading van een span ezels en gij zult hen *met benauwenis benauwen*. En tel de tarwe en het brood en gij zult nemen ...

Dit ostracon is mogelijk door een andere hand geschreven dan de twee voorafgaande. Een opdrachtgever van Eljasib wordt met name genoemd. Men heeft wel verondersteld, dat deze Chananja de vorige twee brieven heeft geschreven of laten schrijven. Zoals wij nog zullen zien, is dat op grond van ostracon no.16 minder waarschijnlijk.

Het memo is niet geheel duidelijk. Eljasib moet wijn afleveren, tarwe en brood tellen, en nog iets anders (olie?) nemen om te versturen. Verder is er sprake van een bevel van Chananja: heeft dit Eljasib reeds eerder bereikt, of last de briefschrijver het nu in en moet men vertalen: 'beveelt u nu'? Dit is grammaticaal mogelijk.

Wat de lading van een span ezels betreft, 2 Samuël 16:1 geeft hiervoor een mooie parallel:

En een span gezadelde ezels, en op hen tweehonderd broden, en honderd rozijnenkoeken, en honderd zomervruchten, en een kruik wijn.

Het rantsoen, dat in deze bijbelplaats voor David bestemd is, lijkt mij aantrekkelijker dan de proviand waarmee de ondergeschikten van Eljasib zich tevreden moesten stellen.

Zoals aangegeven is 'en gij zult hen *met benauwenis benauwen*' een onzekere vertaling. Als deze correct is, moet zij zoiets betekenen als 'spoor hen goed aan'. Het staat dan op één lijn met het 'Talm niet' van ostracon no.2.

De achterkant van het ostracon was beschreven met de rest van de opdracht, maar is helaas niet meer leesbaar.

Het valt wel op, dat Eljasib hier als ezeldrijver optreedt – dat past slecht bij de veronderstelling, dat hij de commandant van Arad was in deze periode.

Ostracon no. 4

Aan Eljasib. Geef aan de Kittiërs 1 (kruik) olie; verzegel (die) en verstuur die, en 1 bat wijn – geef die aan hen.

Dit ostracon is weer door een andere hand geschreven.

Opnieuw een opdracht om de Kittiërs een rantsoen te sturen. De olijfolie moest verzegeld worden. Dat hield in, dat op de met olie gevulde kruik een stop van natte klei geplaatst werd, waarin met een zegelsteen afdrukken werden gemaakt. Wanneer de klei hard was geworden, kon de kruik niet worden geopend, zonder het zegel te verbreken (over zegels meer in hoofdstuk 10).

Alleen bij het zenden van olijfolie wordt Eljasib opgedragen de kruik te verzegelen. Dit duidt erop, dat olijfolie een kostbaar product was, kostbaarder dan wijn.

Ostracon no. 5

> Aan Eljasib. Welnu, zend van u vandaan van wat nog **(over is)** van het e[e]r[ste] meel, [d]at ... mee[l om te maken] brood **voor** ... die ... naar u de *ti*[*ende*] ..., voordat de nieuwe maan voorbij-gaat. En de rest ... het werk ... .

De tekst is te beschadigd om nog veel informatie te verschaffen. Wel interessant is de vermelding van de tiende (als de aanvulling correct is; zie hierboven ook blz. 107) en het voorbijgaan van de nieuwe maan. Dit laatste herinnert aan Amos 8:5:

> Wanneer is de nieuwe maan voorbij
> dan kunnen wij graan verhandelen
> en de sabbat
> dan kunnen we de graanhandel openen.

Kennelijk was in die tijd de nieuwe-maansdag vergelijk-baar met de sabbat en mocht er op zulk een dag geen handel worden gedreven. Op deze kwestie zal naar aanleiding van het volgende ostracon (no.7) worden teruggekomen.

Ostracon no. 7

> Aan Eljasib. Welnu, te geven aan de Kittiërs voor de tiende (maand) op de 1e van de maand tot de zesde van de maand 3 bat. En gij zult het schrijven voor uw aangezicht op de tweede van de maand, in de tiende (maand). En ver[zegel] olie ...

Het interessantste aan dit ostracon is de opdracht om deze leverantie voor zes dagen niet op de dag zelf, maar op de volgende dag te boeken. Kennelijk mochten op de eerste dag van de maand (vgl. ostracon no.5 en Amos 8:5) geen leveranties gedaan worden, maar probeerde men op deze

107

wijze de religieuze overtreding buiten de boeken te houden. Het schipperen met de geboden is kennelijk een verschijnsel van alle tijden.

Ostracon no. 8

> Aan Eljasib. Welnu, te geven aan de Kitt[ië]rs 1 maat gra(an) van de dertiende van de maand tot de achttiende van de maand [en] wijn 3 bat ... .

Van dit ostracon is de onderste helft onleesbaar. De opgegeven maten komen overeen met wat voorafging. Ook hier weer een termijn van zes dagen.

Ostracon no. 16

> Uw broer Chananjahu zendt groeten aan Eljasib en groeten aan uw huis. Ik zegen u bij JHWH. Welnu, na mijn uitgaan uit uw huis, zond ik 8 sikkel [zi]lver aan de zonen van Gealjahu [door] de ha[nd van A]zarjahu, en ... met u ... het zilver ... en als ... zend Nahum en niet zult gij zenden ... .

Bij dit slecht leesbare ostracon valt meteen op, hoe de toon verschilt van de voorafgaande ostraca. Niet zonder meer een bevel, maar een uitgebreide groet-formule. Chananja noemt zichzelf ook bij naam, zoals bij een brief gebruikelijk was (en is). Kennelijk waren de voorafgaande ostraca geen brieven, maar memo's.

Hoewel niet valt uit te sluiten, dat Chananja werkelijk een broer van Eljasib was, lijkt het toch waarschijnlijker dat het hier om een gelijke in rang gaat. Het ligt voor de hand om deze Chananja te identificeren als de Chananja, over wie in ostracon no. 3 gesproken werd. Wanneer er twee Chananja's in Eljasibs omgeving waren, zou men hen via de vadersnaam wel hebben onderscheiden. De Nahum die genoemd wordt, zou dezelfde kunnen zijn als de Nahum, die in ostracon no.17 als Eljasibs ondergeschikte optreedt.

Hoewel de details niet meer duidelijk zijn door de slechte staat van het ostracon, gaat het hier om versturen van zilver. Chananja heeft dit gedaan, nadat hij bij Eljasib geweest is; kennelijk had Eljasib het hem gevraagd en brengt Chananja nu verslag uit. Hij vermeldt ook wie het zilver gebracht heeft. Eljasib wist nu wie hij aansprakelijk kon stellen, wanneer het zilver niet zou aankomen.

Ostracon no. 17

> Aan Nahum. [Wel]nu, kom naar het huis van Eljasib, de zoon
> van Esjahu, en gij zult nemen *vandaar* 1 (kruik) olie en zend (die)
> *aan hen* spoedig en verzegel hem met uw zegel.
> *Achterkant: (andere hand)*
> Op de 24e van de maand heeft Nahum gegeven olie in de hand
> van de Kittiër: 1 (kruik).

Dit ostracon verbreekt de regelmaat. Niet Eljasib, maar
Nahum is degene aan wie het memo is gericht. Er moet
een speciale reden zijn geweest, waarom van het normale
patroon is afgeweken. Eljasib kan ziek zijn geweest of af-
wezig (bijvoorbeeld naar Berseba; zie ostracon no.3), zodat Nahum zijn taak moest overnemen. Uit het feit dat
Eljasib nu officieel met vadersnaam wordt aangeduid en
Nahum niet, kunnen wij afleiden, dat Nahum Eljasibs ondergeschikte was. Wel had hij toegang tot Eljasibs huis en
bezat hij een eigen zegel.

Op de achterkant heeft Nahum genoteerd, dat de opdracht was uitgevoerd, zodat Eljasib het in zijn kasboek
zou kunnen noteren. Daarom was het niet noodzakelijk
aan te geven om welke maand het ging. Het valt wel op,
dat de opdrachtgevers altijd haast schijnen te hebben; in
dat opzicht is er niets nieuws onder de zon.

Ostracon no. 18

> Aan mijn heer Eljasib. JHWH moge vragen naar uw welzijn. Wel-
> nu, geef aan Semarjahu een maat *meel* en aan de Kerosiet zult gij
> geven een maat *meel*. En aangaande de zaak waarover gij mij een
> bevel gegeven hebt, dat is in orde. In het huis van JHWH *(achter-*
> *zijde)* verblijft hij.

De schrijver van dit ostracon behandelt Eljasib met meer
égards dan gebruikelijk; kennelijk stamt het niet van een
superieur. Aangezien de onbekende Eljasib een bevel
geeft, maar ook van hem een bevel heeft gekregen, zullen
zij gelijken in rang zijn geweest. De aanduiding Kerosiet
herinnert aan Ezra 2:44 en Nehemia 7:47, waaruit blijkt
dat het om tempelhorigen gaat. Met 'het huis van JHWH'
wordt waarschijnlijk de tempel van Jeruzalem aangeduid,

aangezien de voormalige tempel in Arad zelf toen niet meer bestond. Wie degene is die nu in de tempel verbleef na uitvoering van Eljasibs bevel, weten wij niet. Voor het feit, dat iemand in de tempel wordt gehuisvest, biedt Nehemia 13:5 een parallel.

Ostracon no. 21

> Uw zoon Jehokal zendt groeten aan Gedaljahu, (de zoon van) Eljaïr, en groeten aan zijn huis. Ik zegen u bij JHWH. Welnu, zie mijn heer heeft gedáan ... Moge JHWH vervullen aan mijn heer ... Edom ... een ieder die ... en indien nog ...

Dit niet complete ostracon is teruggevonden in een kamer in de buurt van de vindplaats van de ostraca aan Eljasib en moet uit dezelfde tijd dateren. Evenals in ostracon no.40 gaat het om een brief van een mindere (de 'zoon') aan een meerdere. Waar de brief over handelt, is niet duidelijk. De vermelding van Edom is interessant.

Ostracon no. 24

> *(Voorkant onleesbaar)*
> *(Achterkant)* Uit Arad 5 en uit Kin[a] ... en jullie zullen hen zenden naar Ramat-Neg[eb door de ha]nd van Malkijahu, de zoon van Qerabur, en hij moet hen overdragen in de hand van Eljasa, de zoon van Jeremia, in Ramat-Negeb, opdat niet iets gebeurt met de stad. En het woord van de koning is bij jullie op jullie ziel! Zie, ik heb (dit bericht) gezonden om jullie te waarschuwen vandaag: de mannen (moeten) met Eljasa (zijn), opdat Edom daarheen niet komt.

De eerste elf regels van dit ostracon zijn onleesbaar, zodat wij niet weten wie aan het woord is en wie met 'jullie' bedoeld zijn. Het ostracon is op de westelijke helling buiten archeologische context gevonden. Gezien de vorm van de letters stamt het uit dezelfde tijd als de ostraca aan Eljasib. Zijn naam is wellicht nog te lezen op de voorkant van het ostracon.

Het ostracon is kennelijk van de hoogste legerleiding afkomstig, want het bevel wordt gepresenteerd als een opdracht van de koning, die moet worden uitgevoerd op straffe des doods (dat is de betekenis van 'het woord van de koning is bij jullie op jullie ziel'). Men heeft tot troepenverplaatsing besloten in verband met een dreiging van Edomitische kant, waarbij de belangrijke stad Ramat-Negeb gevaar liep. Daarvoor was men bereid troepen uit Arad en Kina weg te halen (tenzij dat het hier om een extra lichting gaat buiten de normale garnizoensregimenten om). Deze groep van soldaten moet onder leiding van Malkijahu naar Eljasa gebracht worden, die kennelijk de commandant van Ramat-Negeb was. Deze plaats wordt genoemd in Jozua 19:8 en 1 Samuël 30:27. De gestrenge toon van de brief geeft aan in welke kritieke situatie men zich reeds bevond.

Ostracon no. 111

In de zomer van 1976 werden bij restauratiewerkzaamheden aan het fort van Tel Arad nog drie nieuwe ostraca gevonden. Van deze drie scherven is alleen ostracon no.111 een brief. Helaas is dit ostracon in een zeer fragmentarische staat, zodat veel duister blijft:

> ... En tijdens de wacht ... was hij zeer [bev]reesd en ik zal gev[en] ... [En als] hij gepakt wordt, zullen wij een woord terugzenden ... Het paard was ... En om te horen ... water ... .

Het ziet er naar uit, dat het hier om een militaire situatie gaat; mogelijk wordt een deserteur of een spion achterna gezeten. Maar wellicht sleept de fantasie mij hier al te veel mee.

De laatste twee ostraca verschillen in atmosfeer duidelijk van de voorafgaande. Zij tonen, dat de stemming in Juda gespannener werd, toen de Babylonische bedreiging concreter werd. In het volgende hoofdstuk zal het gaan over de definitieve vernietiging van het koninkrijk Juda door de Babyloniërs.

9. WIE IS UW KNECHT – EEN HOND

Ostraca uit Lakis

De eerste belegering van Jeruzalem door de Babyloniërs eindigde verrassend, doordat op 16 maart 597 v.Chr. Jojakin zich samen met zijn familie en een deel van de Judese aanzienlijken aan de vijand overgaf. Zo voorkwam hij de volledige vernietiging van zijn land en redde hij bovendien zijn eigen leven. Want de Babyloniërs zagen af van verdere repressailles, toen zij de koning, zijn hof en een aantal andere Judeeërs (onder wie de profeet Ezechiël) naar Mesopotamië hadden gedeporteerd en veel buit hadden behaald.

In de zgn. Babylonische Kroniek, een belangrijk overzicht van de geschiedenis van Mesopotamië dat op verschillende kleitabletten voor een deel is overgeleverd, wordt deze gebeurtenis als volgt omschreven:

> Het zevende jaar (van koning Nebukadnessar), de maand Kislev: De koning van Akkad (= *Nebukadnessar*) mobiliseerde zijn leger en hij trok op tegen Chattu *(Syrië)*. Tegen de stad Juda legerde hij zich. Op de 2e Adar nam hij de stad in en de koning nam hij gevangen. Een koning van zijn keuze stelde hij erover aan. Zware tribuut nam hij mee en bracht het naar Babylon.
> (vertaling drs R.J. van der Spek)

Juda mocht dus als vazalstaat blijven voortbestaan onder een nieuwe koning, die Nebukadnessar had aangesteld. Ook de Assyriërs hadden deze maatregel toegepast bij opstandige vazalstaten: men zet de heersende vorst af en vervangt hem door iemand uit zijn familie in wie men meer vertrouwen heeft. Komt die ook in opstand, dan wordt het gebied geannexeerd en onder een gouverneur geplaatst. De keuze van Nebukadnessar viel op een oom van Jojakin, Mattanja, die als koning de naam Sedekia aannam. Waarschijnlijk hoopte Nebukadnessar dat Sedekia, die een volle broer was van Sallum/Joachaz, die destijds door pharao Neko II was afgezet, ook een anti-Egyptische politiek zou voeren. En anti-Egyptisch betekende in die tijd pro-Babylonisch, aangezien er geen tussenweg meer mogelijk was.

Nebukadnessars keuze was echter weinig gelukkig. Sedekia was een te zwakke persoonlijkheid om zijn Egyptisch gezinde raadsheren te weerstaan. In 589 v.Chr. hield Sedekia op met het betalen van schatting aan Babel en hoopte met Egyptische steun de onvermijdelijke Babylonische strafexpeditie te weerstaan. IJdele hoop; in januari 588 trok Nebukadnessar naar Juda en sloeg het beleg voor Jeruzalem, terwijl zijn troepen het land verwoestten. Een Egyptische poging om Jeruzalem te ontzetten, dwong de Babyloniërs het beleg voor een korte tijd te onderbreken, maar – zoals de profeet Jeremia had aangekondigd – zij kwamen terug. Toen de situatie geheel uitzichtsloos geworden was, deed Sedekia een vluchtpoging. Hij werd bij Jericho achterhaald en op een verschrikkelijke wijze bestraft. Zijn zonen werden voor zijn ogen gedood en daarna werd hij blind gemaakt, zodat de moord op zijn zonen het laatste was, dat hij heeft gezien. Daarna voerde men Sedekia en een grote groep ballingen naar Mesopotamië en werd Jeruzalem met de tempel vernietigd (586 v.Chr.).

Uit deze laatste jaren van het koninkrijk Juda stamt een groep ostraca, die een beeld geven van de gespannen situatie. Het gaat hier om een tekstvondst gedaan in Tell ed-Duweir ongeveer halverwege tussen Askelon en Hebron. Deze *tell* wordt door de meeste archeologen met de stad Lakis geïdentificeerd, zij het niet door iedereen. De opgraving van de *tell* begon in 1932 onder leiding van de Engelse archeoloog J.L. Starckey. De werkzaamheden kwamen onverwachts tot stilstand, toen Starckey in 1938 door Arabieren werd vermoord. Het duurde bijna dertig jaar, voordat Israëlische archeologen het werk weer konden hervatten, eerst onder leiding van Y. Aharoni en daarna van D. Ussishkin.

Achttien ostraca werden in 1935 gevonden, drie in 1938, terwijl ook de Israëlische opgravingen ostraca hebben opgeleverd, die echter minder interessant zijn en hier verder niet zullen worden behandeld.

Tell ed-Duweir is een omvangrijke ruïneheuvel en de opgravingen hebben aangetoond, dat hier reeds in de Vroege Bronstijd een nederzetting ontstond. In de Midden- en Laat-Bronstijd lag hier een versterkte stad, die tenminste tweemaal verwoest is. Waarschijnlijk werd in de tijd van

Afb. 13. Reconstructie van Gert le Grange van de aanval
van de Assyriërs op Lakis via een
belegeringsdam (uit IEJ 30 [1980], 184).

Rechabeam (926-910 v.Chr.) op deze plaats een vesting
opgetrokken (vgl. 2 Kron.11:9). De stad was omgeven
door een dubbele muur. Er stond een paleis en een heiligdom ('hoogte').
Wij kunnen ons een duidelijk beeld vormen van hoe Lakis
er uit moet hebben gezien, omdat de Assyrische koning
Sanherib de inname van deze stad in 701 v.Chr. (zie
hoofdstuk 5) heeft laten afbeelden in een zaal van zijn paleis te Ninive. De verschillende reliëfs geven een levendig
beeld hoe de Assyriërs te werk gingen, wanneer zij een
versterkte stad belegerden. Dat Sanherib deze krijgsver-
richting op zo'n uitvoerige wijze heeft laten vastleggen in
steen, wijst erop, dat dit beleg een grote indruk op hem

heeft gemaakt. En dat zegt weer wat over de militaire betekenis die Lakis moet hebben gehad.

Datering ostraca

Maar de ostraca, waar het in dit hoofdstuk om gaat, stammen niet uit de tijd van Sanherib, zij zijn geschreven kort vóór de verwoesting van Lakis door Nebukadnessar. Zij werden aangetroffen in de buurt van de voornaamste poort van de vesting; waarschijnlijk hebben zij in de kamer van de poortwachters gelegen op het ogenblik van de verwoesting. Een aantal ostraca geeft niet meer dan een lijst van namen, mogelijk van mensen wier aankomst in Lakis door de poortwachters werd genoteerd. Het kan ook om rantsoenen gaan. De meeste zijn echter brieven, zij het dat een aantal te fragmentarisch is om hier te kunnen worden behandeld. Daarom zullen alleen de ostraca 2-6 en 9 worden vertaald en besproken.

Nog meer dan bij eerder behandelde ostraca maakt het ontbreken van nadere gegevens de interpretaties van deze teksten bijzonder moeilijk. Naam van de afzender en datering ontbreken en de context waarbinnen deze memo's zijn geschreven, is ons duister. Op grond van ostracon no.3, waar wel een afzender wordt genoemd, nemen sommige onderzoekers aan, dat alle ostraca van een zekere Hosajahu afkomstig zijn. Dit lijkt toch niet zo waarschijnlijk. De ostraca zijn niet alle van dezelfde hand, en de schrijver van de ostraca no.2, 5 en 6 gebruikt een beleefdheidsfrase, die Hosajahu in ostracon no.3 niet hanteert. Wel horen ostraca 2,6,7,8 en 18 bij elkaar, omdat zij scherven zijn van een zelfde stuk aardewerk.

De naam van de geadresseerde kennen wij wel: hij heette Jaos, maar is ons uit andere bronnen niet bekend. Gezien de beleefdheidsformules die de schrijvers tegenover Jaos gebruiken, mag men aannemen dat hij een hoge functie bekleedde: mogelijk was hij de bevelhebber van Lakis. Hosajahu was dan het hoofd van een militaire post, die onder Jaos ressorteerde; dit geldt ook voor de schrijver van ostracon no.4. In ostracon no.9 is nog sprake van een zekere Selemjahu, die als bode optrad.

De datering van deze ostraca kunnen wij in 589 of begin

588 stellen. Uit de ostraca blijkt nl. dat de stemming wel gespannen is, maar Juda is nog niet in handen van de Babyloniërs. Men heeft nog contact met Jeruzalem (ostraca no.4 en 6), terwijl de Judese legeraanvoerder nog vrijelijk naar Egypte kan reizen (ostracon no.3). De scherven moeten dus beschreven zijn in de periode tussen Sedekia's weigering om schatting te betalen en de Babylonische invasie in januari 588.

Ostracon no. 2

> Aan mijn heer Jaos. Moge JHWH doen horen aan mijn heer een tijding van vrede, nu vandaag, nu vandaag!
> Wie is uw knecht – een hond, dat mijn heer zijn [kn]echt gedenkt? Moge JHWH *de eerste met een teken zijn. Er is geen zaak*, die gij niet kent.

Deze brief is rijk aan beleefdheidsfrases, maar wat nu de feitelijke inhoud is, wordt niet zonder meer duidelijk. Wil de schrijver mededelen aan zijn superieur, dat er geen nieuws is? Of moet men het slot anders vertalen? De voorstellen die tot nu toe hiervoor zijn gedaan, zijn echter weinig overtuigend.

De omschrijving, die de briefschrijver van zichzelf geeft, is weinig lovend. Honden werden en worden in het Nabije Oosten als verachtelijke dieren beschouwd. Het gaat hier om een beleefdheidsformule, die ook in het Oude Testament voorkomt. In 2 Samuël 9:8 maakt Mefiboset het tegenover David nog fraaier, wanneer hij zegt:

> Wat is uw knecht dat gij u wendt tot een dode hond als ik ben?

Een dode hond is natuurlijk nog verachtelijker dan een levende.

In deze en de andere brieven valt op, hoe vaak JHWH wordt aangeroepen. Dit wijst erop – denk ook aan de vele theophore namen in deze teksten, meestal eindigend op – jahu – dat de verering van JHWH in Juda in deze periode zeer groot was, ondanks de verwijten van de profeten, dat men nog niet ver genoeg ging in het dienen van JHWH.

Ostracon no. 3

> Uw knecht Hosajahu zendt (een boodschap) om te bericht[en

116

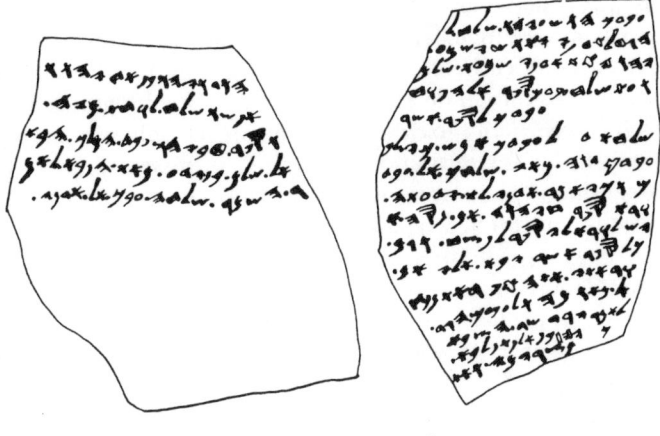

achterkant   voorkant

Afb. 14. Ostracon no. 3 uit Lakis.

aan] mijn [he]er J[a]o[s]. Moge jhwh doen horen aa[n] mijn heer een tijding van vrede en *een tijding van geluk*.

Welnu, open toch *het oog* van uw knecht voor de brief die gezonden heeft *mijn heer* aan uw knecht gisteravond! Immers, het hart van uw knecht is ziek sinds uw zenden (van de brief) aan uw knecht, en omdat mijn heer zegt: 'Niet weet gij een brief te lezen!' Zowaar jhwh leeft! Indien ooit iemand beproefd heeft om voor mij een brief voor te lezen! En ook iedere brief die tot mij komt – indien ik die gelezen heb, kan ik die [la]ter weergeven geheel en al.

En aan uw knecht is bericht, zeggende: Afgedaald is de overste van het leger Konjahu, de zoon van Elnatan, om te komen naar Egypte. Welnu, *(achterkant)* (wat betreft) Hodawjahu, de zoon van Achijahu, en zijn mannen – hij heeft (een boodschap) gezonden om (hen) mee te nemen van hier.

En de brief van Tobijahu, de knecht des konings, die aangekomen is bij Sallum, de zoon van Jada, van de kant van de profeet, zeggende: 'Hoed u!' – uw kne[cht] heeft die aan mijn heer gezonden.

Deze lange brief bevat enige interessante mededelingen, al zal men het juist in dit geval bijzonder betreuren, dat Hosajahu niet wat explicieter is geweest in zijn mededelingen.

Eerst een beleefd verpakt teken van ongenoegen. De brief

117

die Joas de vorige avond aan Hosajahu had gezonden, had hem onaangenaam getroffen. Kennelijk stond er in, dat Hosajahu niet kon lezen; mogelijk was Jaos ontevreden over het uitvoeren van een opdracht, die hij Hosajahu eerder schriftelijk had doen toekomen. Weinig humorvol gaat Hosajahu nu omstandig betuigen, dat hij altijd zelf zijn brieven leest en als een brave leerling voegt hij daaraan toe, dat hij hen na afloop uit zijn hoofd kan nazeggen (als dat de juiste interpretatie van deze moeilijke passage in het Hebreeuws is).

Hosajahu probeert nog wat schuldgevoel bij zijn heer op te wekken, door te zeggen dat hij na het lezen van de brief ziek is geworden, en hij verzoekt hem nu maar eens uit te leggen wat hij met die woorden heeft bedoeld. Deze laatste opmerking heeft Hosajahu diplomatiek verpakt: zijn heer mag hem zijn oog openen voor de brief. Hij zal hem wel verkeerd begrepen hebben: Jaos heeft het vast anders bedoeld.

Daarna komt Hosajahu ter zake. Hij heeft een bericht ontvangen, dat de overste van het leger (waarschijnlijk wordt daarmee de opperbevelhebber bedoeld; vgl. 1 Sam.17:55; 1 Kron.25:1) op weg is naar Egypte en kennelijk langs een militaire post is gekomen. Vandaar heeft hij een boodschap gezonden naar Hosajahu om hem mannen te sturen onder leiding van een zekere Hodawjahu (althans dat lijkt de waarschijnlijkste interpretatie van het dubbelzinnige Hebreeuws hier). Men mag aannemen, dat de legeraanvoerder nu door een gebied kwam, dat minder veilig was en hij een extra escorte nodig had, dat Hosajahu hem moest leveren.

Het is overigens opvallend dat een legeraanvoerder Konjahu in het boek Jeremia niet genoemd wordt, aangezien in dit bijbelboek de meeste vooraanstaande Judeeërs van die periode bij name genoemd worden. Konjahu is op weg naar Egypte en dat moet natuurlijk verband houden met de opmars van de Babylonische troepen. De opperbevelhebber zal overleg hebben gevoerd met de Egyptische legerleiding hoe stand te houden tegenover de troepen van Nebukadnessar. Maar meer nog zal het Konjahu's taak zijn geweest de pharao te bewegen militair ten gunste van Juda in te grijpen.

Mogelijk had Konjahu een brief bij zich van koning Sedekia aan de pharao. Hoe zo'n brief eruit moet hebben gezien, kunnen wij ons vrij precies voorstellen sinds de vondst van een papyrus in 1942 te Saqqara (bij Memfis). Het gaat hier om een brief van een verder onbekende vorst Adon, die de pharao om militaire steun vraagt in verband met het oprukken van de Babylonische troepen. De brief die omstreeks 600 gedateerd wordt, is in het Aramees geschreven, de diplomatieke taal van die tijd (zie blz. 21).

> Aan de heer van koningen, de pharao, uw knecht Adon, de koning van ... ... van hemel en aarde en Baälsjamaïn, [de]god ...
> [mogen zij maken de troon van] de pharao standvastig als de dagen van de hemel. Wat ...
> [De troepen] van de koning van Babel zijn gekomen; zij hebben *bereikt* Afek, en ... Zij hebben genomen ...
> Want de heer van koningen, de pharao, weet dat [uw] knecht ... om te zenden een leger om mij te redden. Laat hij m[ij] niet in de steek laten ... En zijn goedheid bewaart uw knecht (in zijn hart). En dit gebied ... een stadhouder in het land, en een *document* hebben zij *uitgewisseld* ...

De eerste vraag die deze tekst oproept is natuurlijk, wie is deze Adon. Zijn koninkrijk moet in de buurt van Afek hebben gelegen, anders zou hij zich niet zo door de Babyloniërs bedreigd gevoeld hebben. Nu wil het toeval, dat er in dit gebied vijf plaatsen met de naam Afek liggen, zodat het gissen blijft, maar wellicht was Adon koning van één der Filistijnse stadstaten. De details van de tekst zijn door de vele lacunes niet meer duidelijk, de algemene tendens wel: de pharao moet zijn trouwe vazal nu een leger zenden, wil zijn gebied niet door de Babyloniërs geannexeerd worden.

Of het nu aan deze missie van Konjahu gelegen heeft of niet, Egypte heeft inderdaad een leger gezonden (vgl. Jer. 34:21; 37:5 en 11), maar – zoals reeds opgemerkt – zonder succes.

Het derde onderwerp van Hosajahu's brief betreft een andere brief, die hij meezendt met dit ostracon. Het is een brief van een zekere Tobijahu, die bij Sallum is aangekomen. Betekent dit dat deze brief voor Sallum (wie dat ook moge zijn) bestemd was, of heeft Sallum deze brief onderschept en wordt hij daarom aan Jaos doorgezonden? Tobijahu wordt aangeduid als de knecht des konings, dat wil zeggen dat hij een hoge functie aan het hof bekleedde (zie blz. 135). Het gaat hier kennelijk om een waarschuwing, want de brief begint met 'Hoed u!'

Maar wat is de rol van de profeet en welke profeet is bedoeld? Men heeft wel aan Jeremia (eigenlijk: irmejahu) gedacht, te meer daar in ostracon no.16 ook sprake is van een profeet, wiens naam op jahu eindigde (de rest van de naam is niet te lezen). Maar dit is niet meer dan een gissing; er waren in die tijd verschillende profeten. Het Hebreeuws is hier bovendien onduidelijk: het kan betekenen dat Tobijahu de brief uit naam van de profeet heeft geschreven, maar ook dat de profeet alleen als bode fungeerde. Dan zou men moeten vertalen: 'door middel van de profeet'. Zoals reeds gezegd, het is jammer dat Hosajahu zich hier zo beknopt heeft uitgedrukt; het zou interessant geweest zijn, wanneer wij meer informatie hadden gekregen over de rol van de profeet, dit in verband met de vraag in hoeverre de profeten zich actief met de Judese politiek bemoeiden.

Ostracon no. 4

Moge JHWH doen horen mijn heer nu vandaag een tijding van geluk! Welnu, overeenkomstig alles waarover mijn heer (een boodschap) gezonden heeft, zo heeft uw knecht gedaan. Ik heb geschreven op de *papyruskolom* overeenkomstig alles waarover [mijn heer to]t mij (een boodschap) gezonden heeft. En wat betreft (de boodschap die) mijn heer gezonden heeft betreffende de zaak van Bet Harafid: daar is geen mens.

En Samachjahu – Semajahu heeft hem gepakt en heeft hem op doen gaan naar de stad. En uw knecht – ik kan [niet] zenden daarheen de *getui[ge* vandaag], maar pas in de loop van morgenochtend [kan hij komen].

En hij moge weten, dat wij zelf op de rooksignalen van Lakis letten overeenkomstig alle tekens die mijn heer geeft, want wij kunnen Azeka niet zien.

Ook bij de interpretatie van deze brief (afgebeeld op de voorzijde van het omslag van dit boek) is het een groot nadeel, dat wij niet de boodschappen kennen, waarop de briefschrijver reageert. Waarschijnlijk is dit ostracon ook voor Jaos bestemd geweest, al wordt zijn naam niet vermeld. De briefschrijver was één van zijn ondergeschikten, die op een post buiten Lakis gelegerd was, want aan het slot van de brief spreekt hij erover, dat hij nauwkeurig let op de rooksignalen, die vanuit Lakis opstijgen. Hij bevond zich dus op dat ogenblik niet in Lakis.

De briefschrijver deelt na een zegewens mee, dat hij alles wat hem opgedragen is, heeft uitgevoerd en dat hij heeft opgeschreven, wat hij noteren moest in zijn officiële journaal op papyrus. Althans zo moet het Hebreeuws hier waarschijnlijk worden vertaald; het betreffende woord betekent eigenlijk 'deurvleugel', maar komt in Jeremia 36:23 voor in de betekenis van 'kolom op een vel papyrus'. Het is de ironie van de geschiedenis, dat dit officiële journaal, waarvoor het kostbare materiaal papyrus werd gebruikt, vergaan is, maar dat de kladjes op scherven voor een deel de tand des tijds hebben doorstaan.

De tweede opdracht betrof een onderzoek naar de verder onbekende plaats Bet Harafid. Mogelijk moest de briefschrijver contrôleren of deze plaats al ontruimd was in verband met de nadering van de vijand. Of verwachtte Jaos daar reeds voorboden van het Babylonische leger?

De derde opdracht werd uitgevoerd door Semajahu, kennelijk een ondergeschikte van de briefschrijver. Hij heeft een zekere Samachjahu gearresteerd en hem naar Jeruzalem gebracht, mogelijk voor berechting. Maar er was nog een getuige nodig en die kan pas de volgende dag komen (tenminste als dit de juiste interpretatie van het Hebreeuws is). Wat Samachjahu had gedaan, is ons bekend.

Het eerste woord van het laatste gedeelte van deze brief kan op verschillende manieren vertaald worden: 'hij weet', 'hij zal weten', 'hij heeft geweten' of 'hij moge weten'. Dit laatste lijkt mij het waarschijnlijkst. Hij (=Jaos?) moge er rekening mee houden, dat de briefschrijver wel de rooksignalen uit Lakis, maar niet die uit Azeka kan zien. Vroeger interpreteerde men dit gedeelte wel, alsof er stond: 'Wij kunnen Azeka niet *meer* zien'. Azeka zou dus reeds in handen van de Babyloniërs zijn gevallen. Men bracht deze opmerking dan in verband met Jeremia 34:7, waar staat dat op een gegeven ogenblik alleen nog Jeruzalem, Lakis en Azeka in handen van Sedekia waren overgebleven – de andere versterkte steden van Juda waren reeds door de Babyloniërs veroverd. In dit ostracon zou dan de val van Azeka gemeld worden.

Deze interpretatie is echter onhoudbaar, omdat 'want wij kunnen Azeka niet *meer* zien' in het Hebreeuws nog een woord vereist, dat er niet staat. Daarom kan deze opmerking niet anders betekenen dan dat Azeka vanuit deze militaire post niet te zien is, bijvoorbeeld omdat het te ver weg ligt.

De context van het slot van deze brief is waarschijnlijk deze: Jaos heeft de bevelhebbers van de verschillende militaire posten rond Lakis en Azeka geschreven, of zij de rooksignalen die bij wijze van oefening van Lakis en Azeka uit opstegen, konden zien. In verband met de dreigende Babylonische aanval was het van groot belang om te weten, of via rooksignalen een snelle communicatie volgens een bepaalde code ('alle tekens die mijn heer geeft') tot stand gebracht kon worden. Rooksignalen vervulden in de Oudheid (samen met vuursignalen 's nachts) de functie van een telegraaf in deze eeuw: men kon er snel mee doorseinen, dat een bepaald iemand of een leger in aankomst was, of dat een beslissend ogenblik was aangebroken (vgl. Ri.20:38 en 40). De briefschrijver antwoordt, dat het wat Lakis betreft in orde is, maar dat de signalen uit Azeka voor hem niet zichtbaar zijn.

In Jeremia 6:1 wordt ook gesproken over een rooksignaal. Jeremia spreekt hier over de rampspoed die uit het Noorden zal komen om het volk te straffen, dat zich niet wil bekeren:

In Tekoa blaast de bazuin
en doet boven Bet-Hakkerem een rooksignaal opstijgen!

Zijn woorden zijn waarheid geworden en het rooksignaal waarop men met angst wachtte, zal ongetwijfeld zijn opgestegen, toen de Babylonische troepen Juda onder de voet liepen.

Ostracon no. 5

Moge [JHWH] doen horen [aan] mijn [he]er [een tijding van vrede] en geluk [nu vandaag], nu [vandaag!]
Wie is uw knecht – een hond, dat gij [gez]onden hebt naar uw

knecht de [brieven] aldus? Uw knecht zendt nu terug de brieven
naar mijn heer.

Moge JHWH u doen zien de oogst *in geluk* vandaag (nog)! Zal Tobijahu aan uw knecht koninklijk zaad br[en]gen?

In dit ostracon dankt de onbekende briefschrijver voor het
vertrouwen, dat zijn heer (Jaos?) in hem gesteld heeft
door hem brieven toe te zenden, die hij hierbij retour-
neert.

Aan het slot na een vrome zegenwens komt hij aan de kern
van zijn brief. Het is oogsttijd (omstreeks juni 589 v.Chr.)
en hij vraagt zich bezorgd af, of hij het door de koning ter
beschikking gestelde graan wel zal ontvangen. Of Tobijahu dezelfde is als de knecht des konings van die naam, die
in ostracon no.3 genoemd is, weten wij niet zeker, omdat
er over Tobijahu zonder meer gesproken wordt. Het lijkt
mij minder waarschijnlijk, omdat het weinig passend zou
zijn dat een ondergeschikte een hoge functionaris alleen
bij zijn naam zou noemen zonder zijn titel of de naam van
zijn vader te vermelden.

Ostracon no. 6

Aan mijn heer Jaos. Moge JHWH mijn heer (in) deze tijd vrede
doen zien!

Wie is uw knecht – een hond, dat mijn heer gezonden heeft [de
brie]f van de koning [en] de brieven van de overst[en, zegge]nde:
'Lees toch!' En zie, de woorden van de [*oversten*] zijn niet goed,
doordat zij zwa[k] maken uw handen en [*laten zi*]nken de handen
van de ma[nnen] ... Hij weet ... Welnu, [mijn] hee[r], zult gij
niet schrijven aan he[n] ze[ggende: waar]om hebben jullie zoiets
gedaan en wel [*in Jeru*]zalem?! Z[i]e, aan de koning [en aan zijn
huis] heb[ben jullie] deze zaak gedaan. Zowaar JHWH uw God
leeft! Voorwaar, sinds uw knecht gelezen heeft deze briev[en],
was er niet voor [uw] kn[echt enige rust].

Dit ostracon is in drie stukken gebroken en bovendien zijn
de letters nogal vervaagd, hetgeen de lezing onzeker
maakt. De hierboven afgedrukte vertaling kan ik daarom
slechts onder voorbehoud geven. Dat is in dit geval bijzonder spijtig, omdat deze brief interessante informatie
geeft over de politieke tegenstellingen in Juda aan de voor-
avond van de Babylonische invasie, een thema bekend uit
het boek Jeremia. Daaruit blijkt, dat er twee groepen wa-

ren: een pro-Egyptische partij die steeds op een opstand tegen Egypte had aangestuurd en een pro-Babylonische partij, die in zo'n opstand geen heil zag, maar onderwerping aan Babel voorstond. Aanhangers van beide partijen waren onder de leden van de hofhouding te vinden. Tussen beide partijen stond koning Sedekia in, niet bij machte een eigen weg te volgen. Hoewel hij op het laatst naar de pro-Babylonische partij neigde, durfde hij toch niet de pro-Egyptische oversten te weerstaan, hetgeen tot de ondergang van zijn land en zijn familie heeft geleid, zoals wij reeds zagen.

Ook uit dit ostracon spreekt kritiek op de politiek van de leidinggevende kringen in Jeruzalem. Jaos die als commandant van Lakis brieven van de koning en de oversten ontving, had deze doorgestuurd naar zijn ondergeschikte om diens mening te horen. Kennelijk hechtte hij waarde aan het oordeel van zijn knecht, al was die – naar zijn zeggen – niet meer waard dan een hond. De ondergeschikte is zeer onder de indruk dat naar zijn mening wordt gevraagd en windt zich buitengewoon op over wat hij gelezen heeft. Hij heeft geen ogenblik rust meer.

In deze geagiteerde stemming raadt hij Jaos aan om een brief aan de oversten te schrijven, waarin hij hun wijst op de consequenties van hun daden, die van nadelige invloed zijn op het welzijn van de koning en zijn huis.

Maar om welke daden gaat het en wat stond er in de brieven, die de oversten zonden? Het enige wat wij ervan te weten komen vanuit dit document, is dat de woorden van de oversten de handen van Jaos zwak zullen maken. De uitdrukking in het Hebreeuws komt ook voor in Jeremia 38:4, waar de oversten (!) tot koning Sedekia zeggen, dat Jeremia gedood moet worden, omdat hij de handen van de krijgslieden en van het gehele volk zwak maakte met de woorden, die hij sprak.

Deze passage in Jeremia die in dezelfde tijd en omstandigheden speelt als dit ostracon, vormt zo'n nauwe parallel met deze tekst, dat sommige onderzoekers hebben voorgesteld om niet aan te vullen 'de woorden van de [oversten]', maar 'de woorden van de [profeet]' en met die profeet zou dan Jeremia bedoeld zijn. De context van de brief maakt deze aanvulling echter niet waarschijnlijk: over een profeet is nergens sprake, wel over de brieven van de oversten. Ook de vertaling die is voorgesteld: 'om te verzwakken de handen van de Chaldeeën en tot vrede te brengen de handen van de vijanden' past evenmin in de context, aangezien op de betreffende uitspraken in deze brief juist kritiek geleverd wordt en dat zou niet zijn gebeurd bij woorden die de Babyloniërs op de knieën zouden dwingen.

Daarom moet onze conclusie zijn, dat de oversten brieven hebben geschreven kennelijk onafhankelijk van de koning (op zich een teken hoe zwak Sedekia's positie was), brieven met een duidelijk défaitistische inhoud. Gezien de parallel met Jeremia 38:4 moet het hier om brieven gaan van oversten, die tot de pro-Babylonische partij behoorden en in een voortzetting van de strijd tegen Nebukadnessar geen heil zagen. De ondergeschikte van Jaos is het echter met hun verstandige raad volstrekt oneens. Zij zouden de zaak van de koning hebben benadeeld en verdienden een reprimande, die Jaos kennelijk kon geven – zo machtig was zijn positie.

Zo geeft deze brief, ondanks de onzekerheid die er bestaat aangaande de juiste interpretatie ervan, een indringend beeld van de verwarde situatie in Juda ten tijde van Sedekia. De wens die de briefschrijver aan het begin uit, is bepaald niet in vervulling gegaan. Het zijn geen tijden van vrede geworden en de zorgen die de briefschrijver had, waren niet zonder grond.

Ostracon no. 9

Moge JHWH doen horen aan mijn [hee]r een t[ijding] van vrede en [geluk]!
Wel[nu, geef] brood 10 en [wij]n 2.
Stuur terug [aan] uw knecht een woord door (*achterkant*) de hand van Selemjahu, wat wij morgen zullen doen.

Na de interessante ostraca die wij hiervoor behandeld hebben, werkt dit eenvoudige verzoek om een rantsoen en bevelen voor de volgende dag als een anticlimax.

Hoe moeilijk de interpretatie van sommige passages in de ostraca uit Lakis ook is, deze teksten zijn tot nu toe de

125

meest interessante historische documenten uit het oude Israël zelf gebleven. Wanneer men hen legt naast de bijbelboeken Jeremia en 2 Koningen, krijgt men een ongemeen boeiend beeld van een tragische periode in Israëls geschiedenis, toen men met open ogen het onheil tegemoet ging. Noch de waarschuwing van Tobijahu uit Lakis-ostracon no.3 'Hoed u', noch de vele profetieën van Jeremia hebben dit kunnen voorkomen.

10. VAN BERECHJAHU, DE ZOON VAN NERIJAHU

Zegels, stempels en gewichten

Verreweg de grootste groep tekstvondsten uit het oude Israël vormen de zegels, stempels, gewichten en inscripties op vaatwerk. Deze tekstvondsten bestaan veelal uit een enkel woord of enkele namen; daarom zijn zij voor het onderwerp van dit boek minder interessant. Dat geldt echter niet voor al deze tekstvondsten: daarom dit hoofdstuk met daarin een kleine selectie uit een veelheid van vondsten.

Tegenover de ostraca (beschreven scherven) zijn er ook teksten, die op nog compleet aardewerk werden aangebracht, soms vóór, soms na het bakken. Enige voorbeelden hiervan werden en worden in de andere hoofdstukken besproken; ter aanvulling nog enkele van dit soort inscripties, die meestal de plaats van herkomst of de eigenaar van het betreffende vaatwerk aangeven.

Zo werden in Hasor resten van een kruik uit de achtste eeuw gevonden waarop vóór het bakken was ingekrast: 'Van Makbiram': kennelijk de naam van de pottenbakker of de eigenaar. Er is overigens voorgesteld in plaats van een 'r' een 'd' te lezen – dan krijgt men een Hebreeuws woord, dat als 'voor de serveerders' kan worden vertaald. De kruik zou dan bestemd zijn geweest voor het opdienen van voedsel. In Hasor zijn nog twee vergelijkbare vondsten gedaan.

In el-Jib (meestal met Gibeon geïdentificeerd) heeft men tussen 1956 en 1959 een grote groep van handvaten van kruiken gevonden met daarop een inscriptie. In bijna alle gevallen komt eerst de plaatsnaam Gibeon, gevolgd door twee of meer eigennamen. Het gaat hier waarschijnlijk om wijnkruiken uit omstreeks 700 v.Chr. De inscripties kunnen betrekking hebben op diegenen voor wie de wijn bestemd was of op de producenten. In dat geval zijn zij vergelijkbaar met de etiketten op wijnflessen van tegenwoordig.

Een bijzonder probleem vormen de handvaten van voor-raadskruiken waarop een LMLK-stempel is aangebracht en waarvan reeds meer dan duizend exemplaren zijn te-ruggevonden. Over de functie van deze stempels is veel gediscussieerd en geschreven, zonder dat men het eens is geworden, al is wel het een en ander duidelijker geworden dan toen men met het onderzoek begon.

Zo weten wij nu, dat deze stempels alleen gebruikt werden in het gebied van het koninkrijk Juda in de koningstijd. Door de Israëlische opgravingen in Lakis (zie hoofdstuk 9) is het zelfs zeer waarschijnlijk geworden, dat deze stem-pels alleen in de tweede helft van de achtste eeuw in om-loop waren. Men denkt dan vooral aan de regering van Hizkia.

Verder is duidelijk geworden, dat deze stempels vóór het bakken werden aangebracht, in sommige gevallen nog aangevuld door een zegelafdruk van een privé-persoon. Bovendien is het aantal gebruikte stempels zeer beperkt geweest: men denkt aan achttien tot vierentwintig stem-pels, waarmee dan al deze afdrukken zouden zijn ge-maakt. Zo'n stempel is echter nog niet teruggevonden.

Bovenaan staat steeds LMLK, wat waarschijnlijk het bes-te vertaald kan worden als 'koninklijk'. Daaronder komt een symbool: een gevleugelde scarabee (die op verschil-lende wijze kan zijn afgebeeld) of een gevleugelde zonne-schijf. Een scarabee is een afbeelding van een mestkever, die in Egypte het symbool voor de levenwekkende kracht van de natuur was. Scarabeeën werden in Egypte als ze-

Afb. 15. LMLK-stempelafdruk uit Ramat Rachel.

gelsteen of als amulet gebruikt, maar waren in het gehele gebied rond de Middellandse Zee populair. Ook in Palestina zijn veel scarabeeën teruggevonden. Het is daarom niet verbazingwekkend, dat men voor dit symbool gekozen heeft. Ook de gevleugelde zonneschijf was in deze periode een gewild motief, waaraan men geen religieuze betekenis behoeft te hechten.

Daaronder komt een plaatsnaam, en wel altijd een van de volgende vier: Hebron, Socho, Zif en een nog niet geïdentificeerde plaatsnaam die mogelijk als Mamsjit moet worden uitgesproken. Een merkwaardige keuze, want behalve Hebron zijn het nu niet bepaald de belangrijkste plaatsen in Juda, die op deze stempels voorkomen. Wat kan de reden geweest zijn, dat alleen deze plaatsen worden genoemd?

Met veel inventiviteit heeft men naar een oplossing gezocht: het zou om bestuurscentra gaan, waar de belasting werd geïnd; het waren de vier koninklijke voorraadsteden of hier lagen nu juist de koninklijke wijngaarden. De grote verspreiding van de kruiken met deze stempelafdrukken over geheel Juda maakt deze voorstellen toch minder waarschijnlijk. Daarom geef ik de voorkeur aan de hypothese dat het hier gaat om vier koninklijke pottenbakkerijen, één te Hebron, één te Socho, één te Zif en één te Mamsjit, waar men tijdens de produktie het firmastempel op de kruik afdrukte, mogelijk om aan te geven dat deze kruik koninklijk bezit bleef. Als dat zo is, wordt het ook duidelijk waarom op sommige kruiken drie concentrische cirkels zijn ingekrast (dus na het bakken). Dat zou een teken kunnen zijn, dat de kruik vrijgegeven was voor particulier gebruik. De zegelafdrukken van privé-personen die soms de *la-melech* stempelafdruk vergezellen, zouden van contrôlerende ambtenaren kunnen zijn.

Pottenbakkers in dienst van de koning worden genoemd in 1 Kronieken 4:23, maar daar worden als plaatsnamen opgegeven Netaïm en Gedera.

Met de theorie van koninklijke pottenbakkerijen stemt in ieder geval wel overeen, dat de handvaten horen bij eenzelfde type eivormige kruik, zo'n 65-70 cm hoog en maximaal 45 cm breed. Op het breedste stuk zijn vier handvaten aangebracht, waarvan één tot twee met stempelafdruk. De kruiken hebben gediend voor het transport van wijn of olijfolie. Waarschijnlijk hing men aan beide kanten van een ezel zo'n kruik van ongeveer 45 liter inhoud. Natuurlijk konden zij ook als voorraadskruik gebruikt worden.

Gewichten

Op gewichten werd soms aangegeven om welk gewicht het ging, zoals dat nu ook nog het geval is bij ouderwetse weegschalen. Er is een honderdtal van zulk soort beschreven gewichten teruggevonden, die hier niet verder besproken zullen worden (zie ook blz. 11). Wat wel opvalt, is dat gewichten met dezelfde naam zelden evenveel gram wegen. Men was daarin kennelijk weinig nauwkeurig en men heeft zelfs verondersteld, dat minder gewetensvolle handelaren verschillende gewichten met dezelfde naam gebruikten afhankelijk van de omstandigheden. Dit geeft een passage als Amos 8:4-6 meer kleur. Hierin stellen de onderdrukkers van het volk zich o.m. voor het volgende te doen:

de efa verkleinen, de sikkel vergroten,
de weegschaal bedrieglijk verbuigen (Amos 8:6a).

Efa en sikkel zijn maateenheden.

Zegels en zegelafdrukken

Er zijn thans tussen de drie- tot vierhonderd Hebreeuwse zegels of zegelafdrukken gepubliceerd – een respectabel aantal, terwijl er ieder jaar weer nieuwe worden bijgevonden. Het grote aantal is echter niet zo verbazingwekkend, wanneer men bedenkt dat zegelstenen natuurlijk vrij duurzaam zijn en veel mensen zegels nodig gehad zullen hebben voor financiële en juridische transacties.

Want de zegelafdruk fungeerde als handtekening, als bewijs dat het om een authentieke brief ging (vgl. 1 Kon. 21:8) of om de geldigheid van een koopcontract te garanderen (Jer.32:10). Wij zagen reeds op blz. 107, dat men ook een kruik kon verzegelen door in de stop van verse klei de zegelsteen af te drukken om zo malversaties tegen te gaan.

Men droeg de zegelsteen met een koord om de hals of om de pols; een zegel kon ook aan een ring bevestigd zijn. Zoals te begrijpen valt, was een zegel voor de eigenaar ervan een belangrijk bezit, dat hij of zij in onderpand kon geven. Wanneer Juda in Genesis 38:18 Tamar haar loon niet meteen kan betalen, geeft hij haar zijn staf en zijn zegel als pand – waarmee zij uiteindelijk haar leven weet te redden, zoals de bijbelvaste lezer zich zal herinneren.

Van grote waarde was natuurlijk het zegel van de koning. Wie dat in zijn bezit had, was in staat namens de koning decreten uit te vaardigen of brieven te schrijven (vgl. nogmaals 1 Kon.21:8). Wanneer de pharao Jozef tot zijn rechterhand benoemt, draagt hij hem zijn zegel over (Gen. 41:42).

Het type zegelsteen dat in Israël en Juda in gebruik was, komt wat vorm betreft overeen met die, welke in andere delen van Syrië-Palestina zijn gevonden. Maar bijzonder voor de Hebreeuwse zegelstenen is dat zij vanaf de zevende eeuw v.Chr. nog maar zelden een afbeelding vertonen. De zegels uit de achtste eeuw hebben naast een tekst nog wel zo'n afbeelding met motieven bekend uit de Phoenicische kunst. Maar op de latere zegels staan – behoudens uitzonderingen – nog uitsluitend letters. Zou dit iets te maken hebben met het verbod op afbeeldingen?

De korte inscripties op de zegels bevatten meestal de naam van de eigenaar, eventueel vergezeld door die van zijn of haar vader. Zo geven zij informatie over de Hebreeuwse eigennamen. Een kleine groep is hierom interessant, dat zij ook het beroep vermelden van de eigenaar van de zegel. Het gaat hier meestal om hoge functionarissen van de koning en op deze wijze krijgen wij meer inzicht in de verschillende topfuncties die er in de koninkrijken Juda en Israël door de koning te vergeven waren. Van deze zegels zullen wij een kort overzicht geven. De Italiaanse geleerde F. Vattioni heeft het geduld gehad alle zegels uit dit gebied te inventariseren (zie literatuurlijst). Zijn nummering heb ik bij iedere zegel vermeld; bij enige nieuwe zegels, die Vattioni nog niet in zijn systeem heeft opgenomen, wordt verwezen naar het werk van Jaroš (afkorting HIKI; zie literatuurlijst).

Hofmaarschalk (lett. hij die over het huis is)

Deze belangrijke functie aan het hof is reeds besproken op blz. 75. Tot nu toe is er nog maar één zegelafdruk van een hofmaarschalk gevonden:

Van Gedaljahu [d]ie is over het hu[is]

(zegelafdruk; Lakis; begin zesde eeuw; Vatt. no.149)
De hier vermelde Gedaljahu wordt wel geïdentificeerd met Gedalja, die na de val van Jeruzalem in 586 door Nebukadnessar werd aangesteld als gouverneur over Juda, maar die kort daarna werd vermoord (vgl. Jer. 40:1 – 41:15). In het Oude Testament wordt echter niet gezegd, dat Gedalja daarvoor de functie van hofmaarschalk bekleedde, zodat de identificatie onzeker blijft.

Het hoofd van de herendienst (lett. diegene die over de herendienst is)

Waarschijnlijk heeft David als eerste in navolging van wat onder koningen van die tijd gebruikelijk was, herendiensten aan het volk Israël opgelegd. Hij had er een speciale functionaris voor: Adoram, 'die over de herendienst is' (2 Sam. 20:24). Ten tijde van Salomo luidde de naam van deze functionaris Adoniram (1 Kon.4:6; 5:28 – NBG: 5:14). Salomo's zoon Rechabeam had ook zo'n functionaris, die weer Adoram heette. Deze had een tragisch levenseinde. Toen de Israëlieten hun vertrouwen in Rechabeam hadden opgezegd, kreeg de koning het onzinnige idee om uitgerekend deze Adoram naar de opstandelingen te sturen. Want juist de herendienst vormde een van hun ernstigste grieven: het gaat om verplichte gratis arbeid ten behoeve van de koning, waarvan de coördinatie bij Adoram berustte. Het onvermijdelijke gebeurde: Adoram werd gestenigd door de woedende menigte.
Het Oude Testament vermeldt daarna deze functie niet meer, maar nu weten wij door de vondst van een zegelsteen, dat zij in ieder geval in de late koningstijd nog bestond.

Van Pelajahu, (de zoon van) Mattitjahu.
(achterkant) Van Pelajahu, die (is) over de herendienst.

(doorboorde zegelsteen van kwarts; herkomst onbekend; eind zevende eeuw; HIKI no.59)
De eigenaar van deze steen had dus de keuze tussen twee zegelafdrukken. Als hij de achterkant afdrukte, werd ook zijn functie vermeld. Gebruikte hij de ene zegelhelft voor zijn particuliere correspondentie en de andere voor de officiële? Of heeft hij na het verkrijgen van deze functie zijn titel aan de achterzijde van zijn zegelsteen laten ingraveren?

De overste van de stad

Deze functie wordt in het Oude Testament genoemd, zowel in verband met Samaria (1 Kon.22:26) als Jeruzalem (2 Kon.23:8). De taak van deze hoge functionaris was het bestuur over de hoofdstad. Een zegelsteen zelf is niet teruggevonden, maar wel twee afdrukken van hetzelfde zegel met de tekst 'de overste van de stad' (Vatt. no. 394 en 402). Verder staat er een afbeelding op in Assyrische stijl waarop met ziet hoe deze ambtenaar zijn opwachting maakt bij de koning. Opvallend is dat de naam van de functionaris op het zegel niet voorkomt: hebben meerdere personen ervan gebruik gemaakt? Datering: eind van de zevende eeuw v.Chr.
De titel komt mogelijk ook voor op voorraadskruiken uit de achtste eeuw, die in Kuntillet ꜥAdzjrud gevonden zijn (zie bl. 149).

De zoon des konings

Het zal de lezer verbazen, dat de zoon des konings hier als beroepsaanduiding voorkomt. Waarschijnlijk gaat het hier inderdaad om een titel van een functionaris, die o.m. belast was met justitie (vgl. 1 Kon.22:26; 2 Kon.15:5; Jer.36:26 en 38:6). Mogelijk was de betrokkene wel lid van de koninklijke familie, zodat de titel ook letterlijk genomen kon worden. In ieder geval is Jotam, de zoon des konings (genoemd in 2 Kon.15:5), later koning over Juda geworden.

Van Manasse, de zoon des konings

133

(zegel; herkomst onbekend; achtste of zevende eeuw v.chr.; afbeelding: ster en maan; Vatt. no.209).

Men heeft deze Manasse wel willen identificeren met de latere koning Manasse (696-642), vooral omdat op de zegel een ster en halve maan zijn afgebeeld en in 2 Koningen 21:5 van Manasse wordt gemeld, dat hij altaren bouwde voor het gehele heir des hemels (= astrale goden) in de beide voorhoven van de tempel.

De afbeelding op deze zegelsteen zou dus zowel de maangod Sin als de godin Isjtar/Astarte kunnen symboliseren. Men moet dan wel aannemen, dat Manasse die als twaalfjarige koning werd reeds in zijn jeugd een eigen zegel zou hebben bezeten – en dat is niet zo waarschijnlijk.

Van Jehoachaz, de zoon des konings
(zegel; herkomst onbekend; eind zevende, begin zesde eeuw; afbeelding: haan in gevechtshouding; Vatt. no.252)

Men heeft wel verondersteld, dat het hier om een zegel van de latere Judese koning Joachaz (zie blz. 100) gaat. De haan op deze zegelsteen lijkt op de haan, die voorkomt op de zegel van Jaäzanjahu (zie blz. 135). Zou het om een familiewapen gaan?

Van Gealjahu, de zoon des konings
(zegelafdruk, Bet Sur; eind zevende, begin zesde eeuw; Vatt. no.110)

Deze naam komt in het Oude Testament niet voor.

Van Elisama, de zoon des konings
(zegel; herkomst onbekend; achtste-zevende eeuw; afbeelding: uraeusslang met de kroon van Opper- en Neder-Egypte; Vatt. no.72)

In 2 Koningen 25:25 en Jeremia 41:1 komt ook een Elisama voor, maar nader bewijs dat het hier om dezelfde persoon gaat ontbreekt.

Van Jerachmeël, de zoon des konings
(zegelafdruk; herkomst onbekend; tweede helft zevende eeuw; HIKI no.58)

Deze Jerachmeël is waarschijnlijk dezelfde als Jerachmeël, de zoon des konings, die in Jeremia 36:26 wordt genoemd als één van de hovelingen die Jeremia gevangen

moesten nemen, nadat hij koning Jojakim met zijn profetieën had ontstemd.

De knecht des konings

Zoals minister eigenlijk 'dienaar' betekent, zo zou men deze titel als 'slaaf des konings' kunnen vertalen. Toch is het
de titel van de hoogste functionaris van het hof. Zoals de
koning 'de knecht des Heren' genoemd wordt om aan te
geven, dat hij uit naam van God regeert, zo ontleent deze
kanselier zijn macht aan de koning en heet hij zijn
'knecht'. De enige 'knecht des konings', die in het Oude
Testament genoemd wordt heet Asaja (2 Kon. 22:12; 2
Kron.34:20). Zegels vullen deze gegevens aan, waarbij is
gebleken, dat deze titel ook buiten Israël voorkwam. Men
moet twee types onderscheiden: zegels met de aanduiding
'de knecht des konings' en zegels met de aanduiding
'knecht' gevolgd door de naam van de koning. Omdat er
ook zegels zijn teruggevonden met 'knecht van' en dan een
naam, die geen Israëlitische koning ooit heeft gedragen,
moet men rekening houden met de mogelijkheid, dat het
hier niet om de knecht van een koning gaat, maar van een
onbekend persoon, die toevallig dezelfde naam droeg als
één der koningen.

Van Jaäzanjahu, de knecht des konings
(zegelsteen; Tell en-Nasbeh; omstreeks 600; afbeelding:
haan in gevechtshouding; Vatt. no.69)
Men wil deze Jaäzanjahu identificeren met Jaäzanja (2
Kon.25:23) of Jezanja (Jer.40:8), die één van de volgelin-

Afb. 16. Zegel van Jaäzanjahu, de knecht des konings.

gen van Gedalja was. Het is inderdaad opvallend, dat de zegelsteen in Tell en-Nasbeh gevonden is, het vroegere Mispa, omdat daar Gedalja en zijn aanhangers zijn vermoord. Als het hier inderdaad om dezelfde persoon gaat, is deze zegelsteen de stille getuige van een drama, dat tot de gruwelijkste passages in het boek Jeremia gerekend mag worden (Jer. 41:1-9).

Van Obadja, de knecht des konings
(zegelsteen; herkomst onbekend; achtste of zevende eeuw; Vatt. no.70).
Men heeft wel gedacht, dat deze Obadja dezelfde is als de persoon met die naam, die in 1 Kon.18:3 voorkomt, maar dat is gezien de datering van de zegelsteen onmogelijk.

Van Sema, de knecht van Jerobeam
(zegelsteen; Tell el-Mutesellim; achtste eeuw; afbeelding: brullende leeuw; Vatt. no.68)
De zegelsteen werd in 1904 in Tell el-Mutesellim (Megiddo) gevonden. Hij kwam bij de Turkse sultan in Constantinopel terecht en raakte daar later zoek: de mooiste Hebreeuwse zegelsteen, die ooit gevonden is! Gezien de kostbaarheid van de steen en de uitvoering mag men aannemen, dat het hier inderdaad om een zegel van een knecht des konings gaat. Die koning moet dan Jerobeam II (787-747) zijn geweest – gelet op de datering. Men heeft wel verondersteld, dat Sema nog een zegelsteen heeft laten maken toen hij de eerste in Megiddo zou hebben verloren (het was kennelijk het lot van deze steen om zoek te raken). Een romantisch verhaal ongetwijfeld, want dat de zegelsteen gevonden te Jeruzalem met de tekst 'Van Sema, de knecht des konings' (Vatt. no.71) inderdaad van

Afb. 17. Zegel van Sema, de knecht van Jerobeam.

dezelfde Sema zou stammen, zou wel erg toevallig zijn.

Van Asna, de knecht van Achaz

(zegelsteen; herkomst onbekend; achtste eeuw; afbeelding: zonneschijf met twee uraeusslangen; Vatt. no.141)
Met Achaz kan (gezien de datering) de Judese koning Achaz (735-715) bedoeld zijn.

Van Jehozarach, de zoon van Chilkijahu, de knecht van Hizkiajahu

(zegelafdruk; omgeving Hebron; eind achtste eeuw; Vatt. no.321)
Over deze zegelafdruk is reeds eerder sprake geweest (zie blz. 75).

Van Sebanjahu *(achterkant)* Van Sebanjahu, de knecht van Uzzia

(zegel; herkomst onbekend; achtste eeuw; afbeelding voorzijde: staande man met staf; achterkant: twee gevleugelde zonneschijven; Vatt. no.67)
Deze rijk versierde zegelsteen zou van een minister van de Judese koning Uzzia (783-742) kunnen zijn geweest, gezien de datering.

Dienaar

Naast het Hebreeuwse woord 'ewed' (in dit boek vertaald met 'knecht') bestaat ook het woord 'naᶜar' (hier weergegeven met 'dienaar'). Uit het feit, dat een aantal 'dienaren' over een eigen zegelsteen beschikten, mag men afleiden dat sommige dienaren een positie van enig aanzien hadden, bijv. als rentmeester. Bij één van hen vermoedt men dat het om een dienaar van een koning gaat:

Van Eljakim, de dienaar van Jaukin

(zegelafdruk; op verschillende plaatsen gevonden: Tell Beit Mirsim, Bet-Semes en Ramat Rachel; datering omstreden; Vatt. no.108, 277)
De hier genoemde Jaukin zou dan dezelfde zijn als de Judese koning Jojakin (597 v.Chr.). Maar is het waarschijnlijk, dat een dienaar van een koning die maar drie maanden heeft geregeerd onder bijzonder weinig rooskleurige

omstandigheden (zie blz. 112), gelegenheid had om een zegelsteen te laten maken? Bovendien gaan er nu stemmen op om deze zegel in de achtste eeuw te dateren. Daarmee zou deze identificatie voor goed van de baan zijn.

Schrijver

In hoofdstuk 2 is reeds gesproken over de functie van 'schrijver' als koninklijk ambtenaar. De beroemdste van deze schrijvers is ongetwijfeld Baruch, de trouwe lotgenoot van de profeet Jeremia en auteur van tenminste een gedeelte van het boek Jeremia. Toen de Israëlitische specialist op het gebied van zegels Avigad op zekere dag een zegelafdruk van deze Baruch in de hand bleek te houden, ging er heel wat door hem heen, zoals hij in zijn wetenschappelijke publicatie van deze zegel niet kon nalaten op te merken.

Van Berachjahu, de zoon van Nerijahu, de schrijver
(zegelafdruk; herkomst onbekend; zevende eeuw; HIKI no.56)
Door de juiste combinatie van vadersnaam, beroepsaanduiding en datering is het vrijwel zeker, dat deze zegelafdruk met het zegel van Jeremia's secretaris is gemaakt, die kennelijk officieel Berachjahu heette. Wat zou het een sensatie hebben gegeven, wanneer ook de papyrus waar deze *bulla* (zegelafdruk) aan vast heeft gezeten, bewaard zou zijn gebleven: een origineel document van één der bijbelschrijvers, ook al zou het waarschijnlijk een saai contract zijn geweest! Maar het vuur, dat deze bulla heeft gebak-

Afb. 18. Zegelafdruk van Berachjahu, de zoon van Nerijahu, de schrijver.

138

ken, zodat zij bewaard bleef, heeft tegelijkertijd de papyrus verbrand.

Waarschijnlijk is ook het zegel van Baruchs broer Seraja, de zoon van Nerijahu, teruggevonden (HIKI, no.57). Hij was opperkamerheer van Sedekia en is met de koning meegeweest naar Babel, toen deze bij zijn vazalheer op audiëntie ging (Jer.51:59). Op verzoek van Jeremia heeft hij toen een vervloeking van Babel uitgesproken, die door Jeremia op schrift was gesteld – een merkwaardige handelswijze voor een gezant, maar het toont aan, dat hij ook een volgeling van Jeremia moet zijn geweest, evenals zijn broer Baruch.

Priester

Ook priesters konden door de koning worden **aangesteld** en ook zij hadden zegels nodig voor de **admini**stratieve taak die zij naast hun meer priesterlij**ke wer**kzaamheden te verrichten hadden.

[Van Ze]karjau, de priester van Dor
(doorboorde zegel; omgeving Samaria; achtste eeuw; Vatt. no.323)

Ook deze zegelsteen is aan twee kanten beschreven; aan de andere zijde staat: 'Van Sadok, de zoon van Micha'. Gezien de bescheiden waarde van deze kalkstenen zegelsteen, moet er een bijzondere reden zijn geweest, waarom iemand een tweede inscriptie op deze steen heeft laten aanbrengen. Mogelijk gaat het om een zoon (Zekarjau), die uit piëteitsoverwegingen het zegel van zijn vader (Sadok) opnieuw in gebruik heeft genomen. Deze zegel is hierom interessant, dat wij nu weten dat er ook in de kuststad Dor een heiligdom voor JHWH moet zijn geweest – een heiligdom aldaar was nl. nog niet bekend.

Stadhouder

Uit de Perzische tijd zijn zegelafdrukken bekend van de gouverneur van Samaria en mogelijk ook Juda. Dit laatste is niet zeker, omdat sommigen hier niet 'stadhouder', maar 'pottenbakker' willen vertalen. Dat deze twee zegelafdrukken (Vatt. no.306 en 315) inderdaad van een pottenbakker afkomstig zijn, lijkt mij overigens niet erg waarschijnlijk.

Dat de ander bulla (Vat. no.408) inderdaad van Jesajahu, de zoon van Sanballat, stadhouder van Samaria, afkomstig is, wordt algemeen aanvaard. Deze bulla behoort tot de zeer belangrijke vondst aan papyri en zegelafdrukken die in 1962 bij Wadi ed-Daliyeh is gedaan, maar nog steeds niet is gepubliceerd! Het gaat hier om documenten, die mogelijk hebben behoord aan een groep Samaritanen op de vlucht voor Alexander de Grote, een vlucht die zij niet hebben overleefd.

Zegels van vrouwen

Naast deze groep zegelstenen en afdrukken heeft een tweede groep bijzondere aandacht gekregen, nl. die van vrouwen. Het gaat hier om interessant sociaal-economisch bronnenmateriaal, dat een belangrijke correctie biedt op het beeld, dat men vanuit het Oude Testament van de positie van de vrouw in het oude Israël krijgt. Daaruit krijgt men de indruk, dat vrouwen niet of nauwelijks zelfstandig optraden in juridisch of economisch opzicht. Door de vondst van een tiental zegels, die aan vrouwen hebben toebehoord, staat nu vast, dat een aantal vrouwen wel degelijk een zekere economische zelfstandigheid heeft gekend, anders zouden zij deze zegels niet nodig hebben gehad. In de zegels worden zij meestal aangeduid als 'dochter van ...' of als 'vrouw van ...'. Soms ook hun naam alleen, zoals op een rijk versierde zegelsteen uit de negende of achtste eeuw waar achteraf de naam Izebel op is aangebracht (gaat het hier om de vrouw van Achab?).

In dit verband is ook een fraaie zegelsteen uit de zevende eeuw te noemen met een lier als afbeelding, die behoorde 'aan Maädana, de dochter van de koning' (HIKI, no.60) De belangrijkste van deze zegels stamt uit de Perzische periode. Het gaat om een zegelafdruk uit de vijfde eeuw 'van Selomit, de slavin van Elnatan de stadhou[der]'. Omdat het niet zo waarschijnlijk lijkt dat een slavin over een eigen zegel zou hebben beschikt, heeft men deze aanduiding vergeleken met de titel 'knecht des konings' en verondersteld, dat het hier om een vrouwelijk equivalent gaat

van deze hoge functionaris. Als deze interpretatie juist is –
zij is omstreden – hadden ook vrouwen politieke functies
in het oude Israël (althans in de Perzische periode). Vanuit het Oude Testament kenden wij reeds de titel 'gebied-
ster' voor de koningin-moeder, die een bijzondere positie
had, dus deze vondst is niet een complete verrassing,
maar wel een belangrijke aanvulling voor onze kennis van
de sociaal-economische omstandigheden in het oude Israël. Hetzelfde kan in het algemeen gezegd worden van
het type vondsten, dat in dit hoofdstuk centraal stond.
Maar hoe belangrijk ook, het meest typerende voor Israël
is zijn godsdienst. Vandaar dat het laatste hoofdstuk gewijd zal zijn aan de nieuwe gegevens die de tekstvondsten
hebben opgeleverd op het gebied van de religieuze situatie
in het oude Israël.

11. EEN GEZEGENDE IS URIJAHU

Tekstvondsten en de godsdienst van Israël

Het meest karakteristieke van de oudisraëlitische cultuur is zonder twijfel de godsdienst, zoals wij die kennen uit het Oude Testament en zoals die zijn voortzetting heeft gevonden in de joodse religie. De godsdienstige ideeën van de schrijvers van het Oude Testament wijken in wezen zo sterk af van die, welke wij kennen uit de oudoosterse literatuur, dat het ontstaan van de oudtestamentische religie wel voor altijd wetenschappelijk onverklaarbaar zal blijven.

Toch is het belangrijk om zo goed mogelijk te achterhalen, binnen welke context deze religie zijn vorm heeft gekregen. En daarbij kunnen tekstvondsten van groot belang zijn, zoals wij in dit boek al enige malen hebben vastgesteld. De steen van Mesa liet ons zien, hoe de oudtestamentische opvatting van God als Heer van de geschiedenis is voortgekomen uit de overtuiging, dat de nationale god zijn volk in de strijd steunt en wanneer hij of zij dat niet doet, dit wordt veroorzaakt door een goddelijke toorn, die verzoend moet worden.

De tekst uit Deir 'Alla herinnerde sterk aan de verhalen over de profeten in het Oude Testament, terwijl ook hier de onheilsprofetie het doel had de mensen tot bekering op te roepen. De rol van het geloof in JHWH in het dagelijks leven werd duidelijk uit de ostraca van Arad en Lakis. Terwijl wij een brief zullen openen met een 'zeer geachte heer of mevrouw' en naar het welzijn van de betrokkene zullen vragen, spraken deze Judeeërs een zegenwens uit: 'Moge JHWH mijn heer een tijding van vrede en geluk doen horen vandaag nog!'. Ook in het geven van een naam aan een kind, gedacht men de Heer, Die het kind geboren heeft laten worden: zeer veel Judese namen eindigen op het theophore element '-jahu'.

Ondanks de diepe verbondenheid met JHWH die uit deze teksten blijkt, heeft de religieuze praktijk in het oude Israël onder zware kritiek gestaan van de kant van de profeten. Zij wezen het volk erop, dat men niet JHWH kan vereren en daarnaast andere goden. Wie de afgoden dient, is God ontrouw geworden. Men herinnerde daarbij aan een ver verleden, toen de religie nog zuiver zou zijn geweest.

In de tijd van de Babylonische ballingschap ging men nog een stap verder. Tot nu toe hadden de profeten en hun aanhangers nog niet ontkend, dat de andere goden in werkelijkheid bestonden. Deze vreemde goden bestonden wel, maar zij waren alleen geschikt voor de 'volkeren', de heidenen die hen in de vorm van beelden aanbaden. Israëlieten dienden echter alleen hun eigen nationale god JHWH te aanbidden. De onbekende profeet, die wij Deutero-Jesaja noemen en die in de tweede helft van de zesde eeuw v.Chr. leefde, verklaarde echter onomwonden, dat er maar één god bestaat en dat is JHWH:

> Zo zegt JHWH, de koning van Israël, en zijn verlosser, JHWH Sebaot:
> Ik ben de eerste, en Ik ben de laatste
> en buiten Mij zijn er geen goden!

Het monotheïsme was ontstaan.

In de Koningstijd was de religieuze situatie nog beduidend anders. Naast de groep die ijverde om JHWH alleen te vereren, zagen de meeste Israëlieten er geen bezwaar in om de verering van de God van Israël te combineren met die van andere goden of om in de eredienst cultusvoorwerpen te gebruiken, die de afschuw van de schriftprofeten opriepen, zoals opgerichte stenen, gewijde palen en zelfs beelden. Dit was ons uit het Oude Testament reeds bekend maar er zijn vrij onlangs tekstvondsten gedaan die dit nog eens duidelijk onderstrepen.

De inscripties uit Chirbet el-Qom

In Chirbet el-Qom, dat 14 km ten westen van Hebron ligt, werden in 1967 twee graven ontdekt, waarin inscripties werden aangetroffen. De inscripties van het eerste graf zijn minder interessant; zij stammen uit het eind van de achtste eeuw.

Van O..., *de zoon* van Netanjahu
Van Ofai, de zoon van Netanjahu, is deze (graf)kamer.

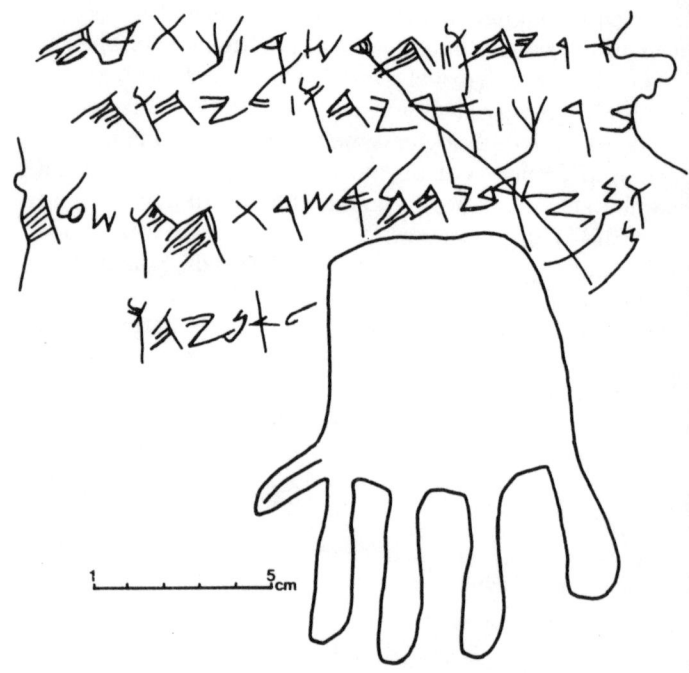

Afb. 19. Inscriptie uit graf II te Chirbet el-Qom (uit ZDPV 97 [1981], 140).

Beide inscripties hebben dus hetzelfde doel, nl. om aan te geven dat in dit graf een zekere Ofai is bijgezet geweest.
De derde inscriptie, uit omstreeks 750 v.Chr., die in een ander graf te Chirbet el-Qom werd gevonden, is veel interessanter, al is de interpretatie nog omstreden. Het probleem bij deze tekst is, dat het oppervlak waarop hij is aangebracht, een groot aantal krassen vertoont en de schrijver grote moeite heeft gehad om de letters goed in te griffen. Wat is nu door hem als schriftteken bedoeld en wat is een kras zonder betekenis? Hierover is men het nog niet eens, maar waarschijnlijk staat er het volgende:

Urijahu, de *rijke*, heeft dit geschreven. Een gezegende is Urijahu van JHWH – uit zijn benauwenissen heeft Hij hem door Zijn asjera verlost. Door Onjahu. En door Zijn asjera …

144

De functie van de laatste twee zinnen binnen het geheel is onduidelijk. Gaat het hier om een tweede inscriptie, die onvoltooid is gebleven? Verder is het niet zeker of Urijahu zich als 'de rijke', 'de overste' of 'de zanger' aanduidt – men ziet: in de Hebreeuwse epigrafiek is veel mogelijk!

Maar het belang van deze tekst ligt in het middengedeelte. Urijahu is door JHWH gezegend, want Hij heeft hem verlost uit zijn benauwenissen. Tot nu toe nog niets aan de hand: zo staat het ook herhaaldelijk in de Psalmen. Minder bijbels klinkt echter de toevoeging 'door Zijn asjera'. Men heeft wel verondersteld, dat 'door Zijn ajera' een regel te laag is geschreven en dat bedoeld zou zijn: 'Een gezegende is Urijahu van JHWH en van Zijn asjera – uit zijn benauwenissen heeft Hij hem verlost'. Maar zoals het er nu staat, is JHWH's asjera het middel waardoor Hij Urijahu verlossing heeft gebracht.

Wat is een *asjera*? Dit Hebreeuwse woord is uit het Oude Testament bekend. In oorsprong was het de naam van een godin, de vrouw van de Kanaänitische oppergod El, die in het Oude Testament aan JHWH is gelijkgesteld. Daarnaast kan het een heilige boom of paal aanduiden; dit symbool voor vruchtbaarheid en vrouwelijke sexualiteit werd in de buurt van een altaar opgesteld. In het Oude Testament geldt het als een teken van afgoderij en zowel van Hizkia als van Josia wordt verteld, dat zij asjera's lieten omhakken.

Uit de tekst van Chirbet el-Qom blijkt echter, dat de asjera geen vreemd cultusvoorwerp is geweest, maar van oorsprong deel uitmaakte van de eredienst van JHWH. Met nadruk wordt er van '*Zijn* asjera' gesproken: de asjera is van JHWH zelf en door deze asjera bewerkt Hij verlossing. Dit is zeer opmerkelijk, want in het Oude Testament wordt JHWH verre gehouden van iedere vruchtbaarheidscultus. Terwijl de andere goden uit de Oudheid zich vaak sexueel bijzonder actief betonen, wordt zoiets nooit van JHWH gezegd. In deze tekst krijgt Hij echter een vrouwelijk vruchtbaarheidssymbool naast Zich, dat als het Zijne wordt aangeduid.

In dit verband is er nog te wijzen op de tekstvondsten, die tegenover Assoean zijn gedaan, in het vroegere Elephantine, waar een garnizoen van joodse huursoldaten lag. Deze teksten zijn in dit boek niet afzonderlijk behandeld, omdat zij niet in het land Israël zelf zijn gevonden, maar zij bieden interessante informatie over het leven van deze joodse kolonisten, die daar in de zevende of zesde eeuw zijn heengetrokken, al stammen de teksten zelf uit omstreeks 400 v.Chr. Ook in religieus opzicht zijn zij belangrijk, want er blijkt uit, dat in Elephantine een tempel voor JHWH heeft gestaan. Maar deze kolonisten blijken naast JHWH (zij schreven overigen JHW) ook andere goden vereerd te hebben, zoals Anat-Betel, Esem-Betel en Cherem-Betel. Op een papyrus (eind vijfde eeuw) wordt bijv. een overzicht gegeven van zilver dat voor JHWH was ingezameld, maar aan het slot blijkt dat slechts ruim een derde voor JHWH zelf bestemd was, de rest voor Esem-Betel en Anat-Betel. Een duidelijk bewijs, dat men geen scherp onderscheid tussen JHWH en de andere goden maakte – ook toen nog niet.

Om nog even terug te keren tot de inscriptie uit Chirbet el-Qom: bij de tekst is ook een hand getekend (zie afb. 19). Bestaat er een verband tussen deze afbeelding en de bijzondere betekenis, die het Hebreeuwse woord voor hand (*jad*; vgl. het Bargoense woord 'jat') kan hebben, nl. grafmonument (vgl. 2 Sam 18:18 en Jes. 56:6)? Of gaat het hier om een hand, die het onheil moet afweren, zoals men nu nog steeds een 'hand' als amulet kan dragen?

Teksten uit Kuntillet 'Adzjrud

Ongeveer 50 km ten zuiden van Kades Barnea liggen de ruïnes van Kuntillet 'Adzjrud, waar in 1975 en 1976 Israëlische opgravingen hebben plaatsgevonden. Men ontdekte een gebouw, dat door de opgraver Z. Meshel wordt geïnterpreteerd als een religieus centrum ten behoeve van de mensen, die met karavanen door dit gebied reisden en hier hun gebeden konden uitspreken en hun gaven konden brengen. Lang heeft het gebouw niet gefunctioneerd, waarna deze plaats verder onbewoond is gebleven – een gelukkige omstandigheid voor de opgravers. Men dateert het gebouw eind negende/begin achtste eeuw v.Chr.

De plattegrond (afb. 20) toont een afzonderlijk nevengebouw (no.1), dat even ten oosten van het centrum zelf ligt.

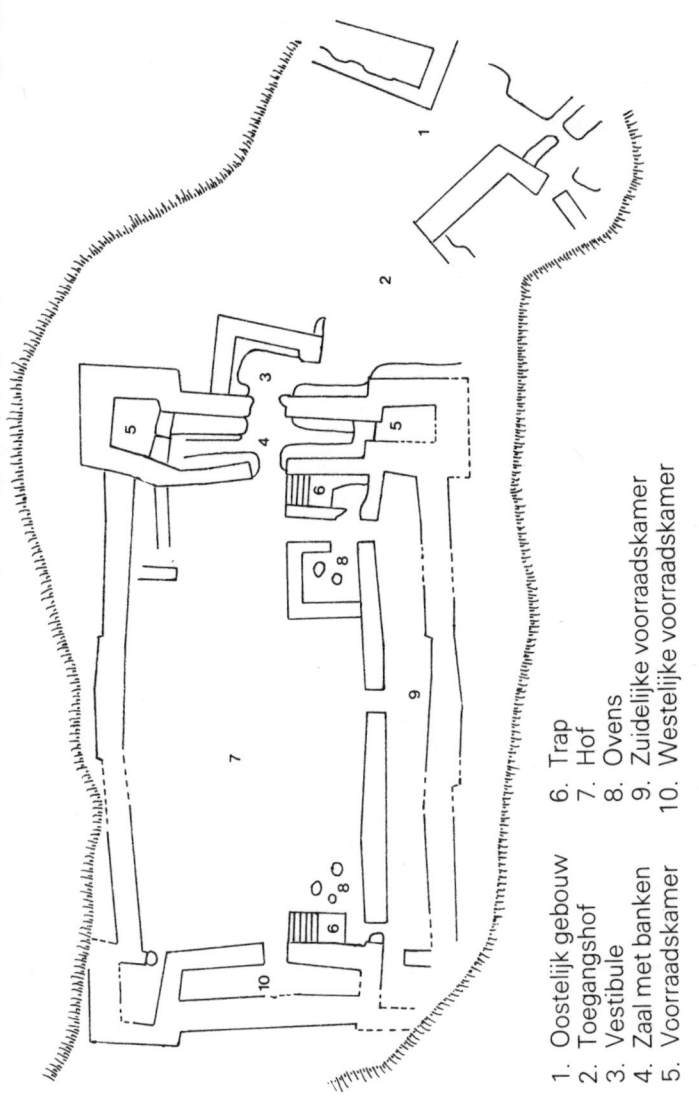

1. Oostelijk gebouw
2. Toegangshof
3. Vestibule
4. Zaal met banken
5. Voorraadskamer
6. Trap
7. Hof
8. Ovens
9. Zuidelijke voorraadskamer
10. Westelijke voorraadskamer

Afb. 20. Plattegrond van het gebouw te Kuntillet 'Adzjrud

147

Mogelijk werden hier de reizigers ontvangen na hun vermoeiende tocht door de woestijn. Via een vestibule (no.3) voorzien van banken, kwam men meteen in de belangrijkste zaal van het hoofdgebouw (no.4). Ook deze zaal was van banken voorzien en wel aan alle kanten. Aan de twee korte zijden van het vertrek waren bovendien voorraadkamers aangebouwd. Het ziet er naar uit, dat men in deze zaal samenkwam om de goden te eren en tot hen te bidden voor een voorspoedige reis. De geschenken die men had meegebracht, konden op de banken worden neergezet. Na een tijdje verdwenen zij in de voorraadkamers aan weerszijden. Volgens de bekende Franse epigraaf A. Lemaire is deze interpretatie echter onjuist: het gaat hier om een klaslocaal, waar men het vak van schrijver leerde. Nu zal een school in de barre verlatenheid van de woestijn ongetwijfeld buitengewoon geschikt zijn om het karakter te vormen, maar zij is toch weinig praktisch. Vandaar dat mij de interpretatie van een religieus centrum waarschijnlijker voorkomt.

In het midden van het gebouw lag een groot open hof, waarop de overige vertrekken uitkwamen, die voor het opslaan en bereiden van voedsel hebben gediend. De wanden van de belangrijkste vertrekken waren van een witte pleisterlaag voorzien. Op het pleister waren soms versieringsmotieven aangebracht, soms ook teksten (vgl. ook hoofdstuk 6).

De teksten op pleister – vijf in getal – zijn in slechte staat. Drie ervan, geschreven met zwarte inkt in Phoenicisch alfabet, werden in de 'zaal met de banken' (no.4) aangetroffen. De eerste is niet meer te lezen. Uit de tweede kan men nog opmaken, dat het om een religieuze tekst gaat, waarbij van 'zegenen' en 'goed bejegenen' sprake is. Zowel JHWH als Zijn asjera worden genoemd. Het is niet de enige tekst uit Kuntillet 'Adzjrud, waar deze combinatie voorkomt. zoals wij nog zullen zien.

De derde inscriptie stamt uit een andere religieuze traditie:

> ... En in de weg van El ... Gezegend (is) Baäl op de dag van ...
> De naam van El op de dag van ...

El en Baäl zijn in de teksten uit Ugarit (zie blz. 18) de

twee voornaamste goden; mogelijk gold dit voor het gehele Kanaänitische gebied. Zoals opgemerkt, wordt in het Oude Testament El met jhwh gelijkgesteld. De cultus van Baäl wordt daarentegen scherp afgewezen. Wanneer het hier om een Israëlitische schrijver zou gaan, die zich van het Phoenicische in plaats van het Hebreeuwse alfabet heeft bediend, behoorde hij tot die grote groep Israëlieten, die in het Oude Testament onder zware kritiek worden gesteld.

Bij de ingang van de westelijke voorraadkamer (no.10) werden de resten van nog twee inscripties met een religieuze inhoud aangetroffen. Hierin worden zoals jhwh als Baäl genoemd. Het wachten is op de definitieve editie van al deze teksten om de precieze aard ervan vast te stellen.

Er zijn nog meer tekstvondsten gedaan. Een aantal betreft letters die vóór het bakken in voorraadspotten zijn gekrast, zoals die ook elders zijn aangetroffen. Ook vond men aardewerk waar na het bakken een naam op werd gekrast of de aanduiding LŚRᶜR (eventueel 'van de overste van de stad' – zie blz. 133 – of ook een naam). Verder vond men stenen vaatwerk met inscripties; de interessantste luidt:

Van Obadjaw, de zoon van Adna, een gezegende van jhwh is hij.

Afb. 21. Tekening op aardewerk uit Kuntillet ᶜAḏjrud.

Maar de belangrijkste van deze vondsten is een groep teksten met tekeningen uit omstreeks 750 v.Chr. die op voorraadskruiken met rode inkt zijn aangebracht. De interpretatie van de tekeningen (zie afb. 21) is ten dele nog omstreden; wij zullen er hier niet op in gaan. De tekst van twee van deze inscripties wordt door Meshel in zijn voorlopig opgravingsverslag (in feite tentoonstellingscatalogus) gegeven:

> Zei ... zei tot ... en tot Joasa en ... Ik heb jullie gezegend bij JHWH van *Samaria*, en bij Zijn asjera!

Deze tekst herinnert aan die uit Chirbet el-Qom: JHWH en Zijn asjera staan weer op één lijn. Maar het bijzondere aan deze tekst is, dat er niet van JHWH zonder meer gesproken wordt, maar van JHWH van Samaria. Dit laatste lijkt vreemd: Meshel vertaalde nog 'die ons behoedt', maar dat past minder goed in de context. Zo'n koppeling van de naam van een god en een geografische aanduiding was voor andere goden reeds lang bekend. Zo vereerde men Baäl Safon naast Baäl-Zebul. Niet dat het hier om een andere god zou handelen, maar men vereerde Baäl in zijn bijzondere verschijningsvorm, zoals men thans Maria van Lourdes kan onderscheiden van Maria van Fatima zonder daarmee de suggestie te willen wekken, dat er meer dan één Maria zou bestaan.

Wanneer de hier gegeven interpretatie van deze tekst uit Kuntillet ^cAdzjrud juist is (er is bovendien mogelijk eveneens sprake van een JHWH van Teman), weten wij nu, dat ook JHWH verschillende verschijningsvormen kende, waarin Hij vereerd kon worden. Dit werpt een nieuw licht op de naam JHWH Sebaot, waarvan de interpretatie omstreden is. Zou het hier niet ook gaan om een bijzondere manifestatie van JHWH, bijvoorbeeld zoals Hij met behulp van Zijn hemelse heirscharen Israël verlost?

De tweede zegenspreuk zou als volgt vertaald kunnen worden:

> Amarjaw zei tot mijn heer: ... Ik heb u gezegend bij JHWH ... en Zijn asjera. Hij moge zegenen en Hij moge u behoeden en Hij moge zijn met mijn he[er] ...

Weer de combinatie 'JHWH en Zijn asjera'. Wie met 'mijn heer' bedoeld wordt, is onduidelijk; wel valt de parallel tussen het tweede gedeelte van deze tekst en de priesterlijke zegen uit Numeri 6:24 op:

Moge JHWH u zegenen en moge Hij u behoeden

Uit dit alles is wel duidelijk geworden, dat de bestudering van de teksten uit Kuntillet ᶜAdzjrud voorlopig een belangrijk onderwerp binnen het godsdiensthistorisch onderzoek naar het oude Israël zal zijn.

Heilig vaatwerk

In het bovenstaande was reeds sprake over tekens, die vóór het bakken op aardewerk werden aangebracht. Voor deze tekens geeft men vaak een religieuze verklaring. Enige terughoudendheid hierbij lijkt mij echter geboden. Zodra een archeoloog iets niet meer begrijpt, wordt de neiging groot het godsdienstig te interpreteren.

Het ligt natuurlijk wel voor de hand bij een mengvat uit Berseba, waarop – overigens na het bakken – de letters QDŠ zijn aangebracht, dit moet toch wel iets als 'heilig' betekenen (datering: achtste eeuw). Mogelijk was de inhoud van het vat voor het heiligdom bestemd, al werd het in een privé-huis gevonden. Ook in Hasor werd een schaal gevonden, waarop tweemaal QDŠ was ingekrast (datering: achtste eeuw). Mogelijk is dat ook de betekenis van de letters QŠ, die op twee offerschalen uit het heiligdom van Arad werden aangebracht (datering omstreden). QŠ is dan een afkorting van QDŠ.

Inscriptie op een wierookaltaar

Uit de Perzische tijd (waarschijnlijk omstreeks 450 v.Chr.) dateert de inscriptie op een klein wierookaltaar, dat in Tell ed-Duweir (Lakis) werd gevonden. Deze vermoedelijk Hebreeuwse tekst in Aramees schrift bestaat uit drie regels, waarvan de derde nogal beschadigd is. Er zijn verschillende voorstellen gedaan om deze tekst te vertalen; waarschijnlijk staat er:

Wierookaltaar van Ijos, de zoon van Machalja, uit Lak[is]

Verdere gegevens over deze Ijos ontbreken; mogelijk was hij geen Judeeër, maar een Edomiet of een Arabier.

Inscriptie uit een grot bij Engedi

Een zeer bijzondere tekst werd in 1974 bij Engedi in een grot ontdekt. De tekst uit omstreeks 700 v.Chr. is met zwarte inkt op een stalaktiet geschreven, een nogal merkwaardige plaats om een inscriptie op aan te brengen. De grot is zeer moeilijk toegankelijk: wat kan de reden voor de schrijver zijn geweest om zijn schrijverspalet hiermee naar toe te nemen? Was hij op de vlucht?
Door de weinig geschikte ondergrond is nu minder dan de helft nog leesbaar:

> Vervloekt degene die zou uitwissen ... Gezegend is JHW[H] ...
> Gezegend (is Hij) bij de *volke[ren]* als koning. Gezegend (is) mijn heer ...

Het gaat hier duidelijk om een religieuze tekst, geschreven door een geoefende hand, waarin JHWH wordt verheerlijkt. Heeft de schrijver hier soms een mystieke ervaring gehad, die hij ter plekke heeft willen vastleggen? Wij zullen het nooit weten.

Goud uit Ofir

In Tell Qasile, een antieke havenplaats even ten noorden van Tel Aviv, werden in 1945 en 1946 twee ostraca gevonden, die op grond van de vorm van het schrift aan het eind van de achtste eeuw gedateerd kunnen worden. De eerste betreft een leverantie of afdracht van belasting:

> Voor de koning. *Dui[zend]* ... olie en *honderd* ... . Chijahu.

De tweede inscriptie is wel religieus geïnterpreteerd:

> Goud van Ofir, voor Bet -Choron. 30 s(ikkels)

Want in plaats van Bet-Choron als plaatsnaam te lezen, kan men ook vertalen: 'het huis van Choron', waarmee dan een heiligdom voor deze Kanaänitische god bedoeld zou zijn. Dit lijkt echter uiterst onwaarschijnlijk. Het zal hier gaan om een leverantie van zuiver goud (Ofir-goud; vgl. 1 Kon.9:26) bestemd voor de stad Bet-Choron, meer specifiek Laag-Bet-Choron, want er zijn twee plaatsen met die naam.

Een papyrus uit de zevende eeuw

Er is nog een tekst, waarvoor een religieuze interpretatie is
voorgesteld, maar waarvoor een meer profane waarschijnlijker is. Het gaat hier om een papyrus, die in 1952 in een
grot in de Wadi Murabbaᶜat bij de Dode Zee gevonden is.
Door de hoge ouderdom (datering omstreeks 650 v.Chr.)
gaat het hier om een unieke vondst, want – zoals reeds vaker met spijt opgemerkt – papyrusteksten hebben geen
lange levensduur in het klimaat van Israël. Tot nu toe is
Papyrus Murabbaᶜat 17 de enige papyrus uit de periode
vóór de ballingschap, die is teruggevonden.
Omdat papyrus een kostbaar materiaal was, gebruikte
men het blad wel eens meerdere keren, waarbij de oorspronkelijke tekst werd weggeschaafd (*palimpsest*). Dat is
ook met dit papyrus-blad gebeurd, maar door de moderne
techniek is het mogelijk om de eerste tekst weer zichtbaar
te krijgen. De jongere tekst is weinig interessant: vier namen met daarachter een getal en een maataanduiding.
Van de oudere tekst is echter nog de helft leesbaar:

> Zegt ... jahu tot u. [Ge]zonden, ja gezonden heb ik vrede (voor)
> uw huis. Welnu, niet zult gij horen naar el[k] woord, dat tot u
> spreekt ...

Hoewel men heeft voorgesteld, om deze tekst als een opte-
kening van een profetie te interpreteren, lijkt het mij toch
waarschijnlijker dat het hier om een brief gaat: het zenden
van vrede voor uw huis betekent dan: Ik groet uw familie.

De geloofsbelijdenis uit Chirbet Beit Lei

Als afsluiting voor dit boek heb ik een tekst uitgekozen,
die men wel een Judese geloofsbelijdenis zou kunnen noemen. Het gaat hier om graffiti, die in 1961 zijn ontdekt op
de muren van de voornaamste kamer, die hoorde bij een
graf in Chirbet Beit Lei, 8 km ten oosten van Lakis. Evenals in Kuntillet ᶜAdzjrud ziet men hier weer een combinatie van tekeningen en teksten, die zijn ingekrast in de rotswand. Behalve twee schepen en cirkels ontdekte men drie
menselijke figuren. De eerste heeft mogelijk een lier in de
hand, de tweede staat te bidden, terwijl de derde een
merkwaardig voorwerp op het hoofd heeft. Men heeft deze

figuren wel als Levieten willen verklaren. Het zou hier om het graf van een Levitische familie gaan. Dit lijkt mij nog- al speculatief, want wat moeten Levieten met schepen? Doordat de schrijver waarschijnlijk bij het zwakke schijn- sel van een olielamp zijn werk moest doen en het opper- vlak van de rotswand (evenals in Chirbet el-Qom het ge- val is) onder de krassen zit, is het moeilijk om te bepalen, wat er nu precies staat. Ook de datering is sterk omstre- den. Men heeft de Perzische periode voorgesteld, maar ook de tijd van Josia, ja zelfs van Hizkia. Het einde van de koningstijd lijkt mij het waarschijnlijkst.

Van de negen teksten bespreken wij hier de drie belang- rijkste; de eerste kan als volgt vertaald worden:

JHWH is de God van heel de aarde
De bergen van Juda (behoren) aan de God van Jeruzalem

De tekst bestaat uit twee versregels. In de eerste wordt op de universaliteit van JHWH de nadruk gelegd, in de tweede op de uitverkiezing van Juda en Jeruzalem. Het begin van de tekst roept Jesaja 54:5 in de herinnering, waarin Deute- ro-Jesaja het volk oproept niet meer bevreesd te zijn, om- dat de God der gehele aarde Israëls losser is. Juist in het universele aspect van JHWH ligt voor Israël de grond om alleen in Hem vertrouwen te stellen. Het is mogelijk dat deze gedachte ook in de eerste versregel speelt.

De uitdrukking 'de bergen (meervoud) van Juda' komt al- leen in 2 Kronieken 21:11 voor. Normaal is om over 'de steden van Juda' of 'de berg (enkelvoud) van Juda' te spreken. Gezien de plaats waar deze tekst is ontdekt, ver- baast deze vermelding echter niet: Chirbet Beit Lei ligt in het heuvelland van Juda. Ook de landstreek, waar de schrijver mogelijk zijn toevlucht heeft gezocht, toen een vijand Juda was binnengevallen, behoort aan JHWH en hij kan op Zijn hulp rekenen. De uitdrukking 'de God van Jeruzalem' komt eveneens alleen in Kronieken voor (2 Kron.32:19), maar de overtuiging dat er een nauwe band tussen JHWH en Jeruzalem bestaat, dateert nog uit de Koningstijd, en men behoeft de tekst wegens de paral- lellie met Kronieken dus niet noodzakelijkerwijs in dezelf- de periode als dat bijbelboek (Perzische tijd) te plaatsen.

Twee andere teksten zijn gebeden tot JHWH. De lezing is

weer zeer omstreden wat de eerste van deze twee aangaat:

Sla acht, JHWH, (in) genade!
Verklaar onschuldig JH JHWH!

Als dit de juiste lezing van deze tekst is, roept de schrijver
God op acht te slaan op Zijn Volk (vgl. Ps.80:15) en het in
Zijn genade onschuldig te verklaren: dat laatste houdt in
dat God het zijn straf zal kwijtschelden (vgl. Ps.19:13).
Als context voor dit gebed lijkt een militaire noodsituatie
het waarschijnlijkst, want een inval van het land door vijanden zag men als een straf van God (zie blz. 45). De derde inscriptie bevestigt deze duiding:

Verlos, JHWH!

Zo heeft men in dit graf in het zuiden van Juda een getuigenis gevonden van het geloof in JHWH als verlosser van
Zijn volk in tijden van nood. Een ons verder onbekende
Judeeër heeft Hem aangeroepen, Die God is van heel de
aarde, maar Die Zich aan Juda en Jeruzalem heeft willen
verbinden. Hij moge acht slaan op het welzijn van Zijn
volk en het genadig zijn.

GERAADPLEEGDE LITERATUUR

Studies die in deze literatuurlijst geregeld aangehaald worden, zijn voorzien van een vetgedrukte afkorting. Na een algemeen gedeelte wordt de literatuur per hoofdstuk opgegeven. De wetenschappelijke tijdschriften zijn met de gebruikelijke afkortingen aangegeven.

Algemeen

Verzamelingen van teksten in origineel met vertaling

D. Diringer, Le iscrizioni antico-ebraiche palestinesi. Florence 1934 (**IAEP**)

H. Donner & W. Röllig, Kanaanäische und aramäische Inschriften; 3 delen. Wiesbaden² 1966-1969 (**KAI**)

J.C.L. Gibson, Textbook of Syrian Semitic Inscriptions I, Hebrew and Moabite Inscriptions. Oxford² 1973 (**HMI**)

R. Hestrin e.a., Inscriptions reveal; Documents from the Time of the Bible, the Mishna and the Talmud. Jeruzalem 1973 (**IR**)

K. Jaroš, Hundert Inschriften aus Kanaan und Israel; Für den Hebräischunterricht bearbeitet. Fribourg 1982 (**HIKI**)

S. Moscati, L'Epigrafia Ebraica Antica 1935 – 1950. Rome 1951 (**EEA**)

D. Pardee e.a., Handbook of Ancient Hebrew Letters, Chico 1982 (**HAHL**)

H. Reviv, A Commentary on Selected Inscriptions from the Period of the Monarchy in Israel (Hebreeuws). Jeruzalem 1975 (**CSIPMI**)

Th.C. Vriezen & J.H. Hospers, Palestine Inscriptions. Leiden 1951 (**PI**) – zonder vertaling.

Verzamelingen van teksten alleen in vertaling

R.D. Barnett, Illustrations of Old Testament History. Londen² 1977 (**IOTH**)

156

W. Beyerlin e.a., Religionsgeschichtliches Textbuch zum Alten Testament. Göttingen 1975 (**RTAT**). Vertaald in het Nederlands (maar zonder noten): Godsdiensthistorisch tekstboek rond het Oude Testament, Boxtel 1976

J. Briend & M.-J. Seux, Textes du Proche Orient ancien et histoire d'Israël. Parijs 1977 (**TPO**)

K. Galling e.a., Textbuch zur Geschichte Israels. Tübingen[2] 1968 (**TGI**)

A. Jepsen e.a., Von Sinuhe bis Nebukadnezar; Dokumente aus der Umwelt des Alten Testaments. Stuttgart enz.[2] 1976 (**SN**)

A. Lemaire, Inscriptions hébraïques I, Les ostraca. Parijs 1977 (**IH**)

H. Michaud, Sur la pierre et l'argile; Inscriptions hébraïques et Ancien Testament. Neuchâtel 1958 (**SPA**). Vertaald in het Nederlands: Op steen en klei; De Hebreeuwse inscripties en het Oude Testament. Nijkerk 1959

J.B. Pritchard e.a., Ancient Near Eastern Texts relating to the Old Testament. Princeton[3] 1969 (**ANET**)

E.J. Smit, Inskripsies uit Oud-Testamentiese Tyd, in Koers 34 (1966), 55-78 (**IOTT**)

D.W. Thomas, Documents from Old Testament Times. New York[2] 1961 (**DOTT**)

K.R. Veenhof, Nieuwe Palestijnse Inscripties, in Phoenix 11 (1965), 243-260 (**NPI**)

Overige algemene literatuur

Y. Aharoni, The Land of the Bible; A Historical Geography. Londen[2] 1979 (**LB**)

P.-E. Dion e.a., Les types épistolaires hébréo-araméens jusqu'au temps de Bar-Kokhbah; Introduction, in RB 86 (1979), 544-579

A. Lemaire, L'épigraphie paléo-hébraïque et la Bible, in Supplements to Vetus Testamentum 29 (1978), 165-176

E. Lipiński, North-West Semitic Inscriptions, in Orientalia Lovaniensia Periodica 8 (1977), 81-117 (**NWSI**)

D. Pardee e.a., An Overview of Ancient Hebrew Epistolography, in JBL 97 (1978), 321-346

G.B. Sarfatti, Hebrew Inscriptions of the First Temple Period – a Survey and some Linguistic Comments, in Maarav 3 (1982), 55-83

J. Teixidor, Bulletin d'épigraphie sémitique. Verschijnt vrijwel jaarlijks in Syria sinds 1967 (overzicht van alle nieuwe vondsten).

Literatuur bij hoofdstuk 1 (selectie)

F.M. Cross, Newly Found Inscriptions in Old Canaanite and Early Phoenician Scripts, in BASOR 238 (1980), 1-20

J. Naveh, Early History of the Alphabet; An Introduction to West Semitic Epigraphy and Palaeography. Jeruzalem enz. 1982

K.R. Veenhof, Klei, kleitablet en spijkerschrift, in Phoenix 24 (1978), 15-30

de tekst van Abdu-Cheba:

H.M. Beliën e.a., Een geschiedenis van de oude wereld; Bronnen. Haarlem 1981, 39-40.

de inscriptie over Achiram:

ANET, 661; HIKI, 36-37; KAI II, 2-4; PI, 7-8; TGI, 49; TPO, 82

J.C.L. Gibson, Textbook of Syrian Semitic Inscriptions III, Phoenician Inscriptions. Oxford 1982, 12-17

Literatuur bij hoofdstuk 2

algemeen

HIKI, 34; IR, 9-13

A. Lemaire, A Schoolboy's Exercise on an Ostracon at Lachish, in Tel Aviv 3 (1976), 109-110

Idem, Les écoles et la formation de la Bible dans l'ancien Israël. Fribourg enz. 1981

S. Warner, The Alphabet: an Innovation and its Diffusion, in VT 30 (1980), 81-90

ostracon van ʿIzbet Saṛṭah

HIKI, 32-33

F.M. Cross, Newly Found Inscriptions in Old Canaanite and Early Phoenician Scripts, in BASOR 238 (1980), 1-20 – in het bijzonder pp.8-15

A. Demsky, A Proto-Canaanite Abecedary dating from the Period of the Judges and its Implications for the History of the Alphabet, in Tel Aviv 4 (1977), 14-27

M. Kochavi, An Ostracon from the Period of the Judges from ᶜIzbet Ṣarṭah, in Tel Aviv 4 (1977), 1-13

J. Naveh, Some Considerations on the Ostracon from Izbet Ṣarṭah, in IEJ 28 (1978), ...

kalender van Gezer

ANET, 320; DOTT, 201-203; EEA, 8-26; HIKI, 37-38; HMI, 1-4; IAEP, 1-20; IOTT, 56; IR, no.8; KAI II, 181-182; NWSI, 82-85; PI, 12-14; SPA, 21-28 (Ned.22-30)

H.-P. Müller, Notizen zu althebräischen Inschriften I, in UF 2 (1970), 229-242 – in het bijzonder pp.229-231

B.D. Rahtjen, A Note Concerning the Form of the Gezer Tablet, in PEQ 93 (1961), 70-72

S. Talmon, The Gezer Calendar and the Seasonal Cycle of Ancient Canaan, in JAOS 83 (1963), 177-187

Literatuur bij hoofdstuk 3

de steen van Mesa

ANET, 320-321; CSIPMI, 9-34; DOTT, 195-199; HIKI, 41-50; HMI, 71-83; IOTT, 69-72; IR, no.45; KAI II, 168-179; LB, 336-340; NWSI, 95-97; PI,14-21; RTAT, 253-257 (Ned. 187-190); SN, 148-152; SPA, 29-45 (Ned. 31-48); TGI, 51; TPO, 90-92

F.I. Andersen, Moabite Syntax, in Orientalia 35 (1966), 81-120

J. Blau, Short Philological Notes on the Inscription of Mesaᶜ, in Maarav 2 (1979-1980), 143-157

C.H.J. de Geus, Koningsinscripties uit Moab uit de 9e eeuw v.Chr., in K.R. Veenhof (ed.), Schrijvend verleden; Documenten uit het Oude Nabije Oosten vertaald en toegelicht. Leiden enz. 1983, 25-31

E. Lipiński, Etymological and Exegetical Notes on the Mešaᶜ Inscription, in Orientalia 40 (1971), 325-340

J. Liver, The Wars of Mesha, King of Moab, in PEQ 99 (1967), 14-31

M. Miller, The Moabite Stone as a Memorial Stela, in PEQ 106 (1974), 9-18

P.D. Miller, A Note on the Meša^c Inscription, in Orientalia 38 (1969), 461-464

W. Schottroff, Horonaim, Nimrim, Luhith und der Westrand des 'Landes Ataroth'; Ein Beitrag zur historischen Topographie des Landes Moab, in ZDPV 82 (1966), 163-208

S. Segert, Die Sprache der moabitischen Königsinschrift, in ArOr 29(1961), 197-267

R. Storr, Die Unechtheit der Mesainschrift. Tübingen 1918

S. Timm, Die Dynastie Omri. Göttingen 1982, 158-180

G. Wallis, Die vierzig Jahre der achten Zeile der Mesa-Inschrift, in ZDPV 81 (1965), 180-186

andere Moabitische tekstvondsten-algemeen
HMI, 83-84; IOTT, 72-73; NPI, 254-256; SPA, 43-45 (Ned.49-51)
C.H.J. de Geus, op.cit.

tweede tekst uit Dhiban
R.E. Murphy, A Fragment of an Early Moabite Inscription from Dibon, in BASOR 125 (1952), 20-23

tekst uit Kerak
D.N. Freedman, A Second Mesha Inscription, in BASOR 175 (1964), 50-51 W.L. Reed & F.V. Winnett, A Fragment of an Early Moabite Inscription from Kerak, in BASOR 172 (1963), 1-9

I. Schiffmann, Eine neue moabitische Inschrift aus Karcha, in ZAW 77 (1965), 324-325

M. Weippert, Archäologischer Jahrbericht, in ZDPV 80 (1964), 151-193 – in het bijzonder pp.169-172

Idem, Archäologischer Jahrbericht, in ZDPV 82 (1966), 274-330 – in het bijzonder pp.328-330

Literatuur bij hoofdstuk 4

Inscriptie uit Samaria
IR, no.43

ostraca uit Samaria
ANET, 321; DOTT, 204-208; EEA, 27-39; HIKI, 51-57; HMI, 5-13; IAEP, 21-74; IH, 23-81, 245-250; IOTT, 56-57; IR, no.34-38, 41; KAI II, 183-186; LB, 356-368; NWSI, 85-86; PI, 21-27; SN, 161-163; SPA 53-63 (Ned.60-73)
A.F. Rainey, The Samaria Ostraca in the Light of Fresh Evidence, in PEQ 99 (1967), 32-41
Idem, Semantic Parallels to the Samaria Ostraca, in PEQ 102 (1970), 45-51
G.A. Reisner e.a., Harvard Excavations at Samaria, 1908-1910 I, Text. Cambridge 1924, 227-246
W.H. Shea, The Date and Significance of the Samaria Ostraca, in IEJ 27 (1977), 16-27
Y. Yadin, Recipients or Owners; A Note on the Samaria Ostraca, in IEJ 9 (1959), 184-187

Literatuur bij hoofdstuk 5

bericht van Sargon II
H.M. Beliën e.a., Een geschiedenis van de oude wereld; Bronnen. Haarlem 1981, 42-43

tekst op ivoren plaquette uit Nimrud
HMI, 19-20; NPI, 257-258
A.R. Millard, Alphabetic Inscriptions on Ivories from Nimrud, in Iraq 24 (1962), 41-51 – in het bijzonder pp.45-49

Siloach-inscriptie
ANET, 321; CSIPMI, 35-40; DOTT, 209-211; EEA, 40-43; HIKI, 71-72; HMI, 21-23; IAEP, 81-102; IOTT, 57-58; IR, no.75; KAI II, 186-188; NWSI, 87; PI, 28-29; SN, 178-180; SPA, 64-72 (Ned.74-84); TGI, 66-67; TPO, 117-118
C.H.J. de Geus, De Israëlitische stad. Kampen 1984, 82-94

161

K.M. Kenyon, Jerusalem; Excavating 3000 Years of History. London 1967, 68-77

G. Levi della Vida, The Shiloaḥ Inscription Reconsidered, in In Memoriam Paul Kahle (BZAW 103). Berlijn 1968, 162-166

H. Michaud, Un passage difficile dans l'inscription de Siloé, in VT 8 (1958), 297-302

H.-P. Müller, Notizen zu althebräischen Inschriften I, in UF 2 (1970), 229-242 – in het bijzonder pp.232-234

E. Puech, L'inscription du Tunnel de Siloé, in RB 81 (1974), 196-214

V. Sasson, The Siloam Tunnel Inscription, in PEQ 114 (1982), 111-117

N. Shaheen, The Siloam End of Hezekiah's Tunnel, in PEQ 109 (1977), 107-112

Idem, The Sinuous Shape of Hezekiah's Tunnel, in PEQ 111 (1979), 103-108

H.J. Stoebe, Ueberlegungen zur Siloahinschrift, in ZDPV 71 (1955), 124-140

Idem, Zu Vet.Test. VIII S.297ff. Henri Michaud, Un passage difficil dans l'inscription de Siloé, in VT 9 (1959), 99-101; repliek van Michaud hierop: pp.205-209

Y. Yadin e.a., Jerusalem Revealed; Archaeology in the Holy City 1968-1974. New Haven enz. 1976 – in het bijzonder pp.75-78

inscripties in de rotsgraven te Silwan

CSIPMI, 41-45; HMI, 23-24; IAEP, 102-110; IOTH, 72-73; IOTT, 58-59; IR, no.14; KAI II, 189; NPI, 244; NWSI, 87; SPA, 72-74 (Ned. 84-86); TGI, 65-66; TPO, 117

N. Avigad, The Epitaph of a Royal Steward from Siloam Village, in IEJ 3 (1953), 137-152

Idem, The Second Tomb-Inscription of the Royal Steward, in IEJ 5 (1955), 163-166

H.J. Katzenstein, The Royal Steward (Asher ᶜal ha-Bayith), in IEJ 10 (1960), 149-154

D. Ussishkin, On the Shorter Inscription from the 'Tomb of the Royal Steward', in BASOR 196 (1969), 16-22

Idem, The Necropolis from the Time of the Kingdom of

Judah at Silwan, Jerusalem, in BA 33 (1970), 34-46

Ofel-ostracon
EEA, 44-46; HIKI, 73; HMI, 25-26; IAEP, 74-79; IH,
239-244; IR, no.138; KAI II, 188-189; NWSI, 87-88;
RTAT 268 (Ned. 198)

Ofel-inscriptie
J. Naveh, A Fragment of an Ancient Hebrew Inscription
from the Ophel, in IEJ 32 (1982), 195-198
De andere inscriptie wordt vermeld in: Y. Shiloh & M.
Kaplan, Digging in the City of David; Jerusalem's New
Archaeological Project Yields First Season's Results, in
BAR 5 (1979) no. 4, 36-49 – in het bijzonder p. 49

nieuwe Ofel-ostraca
A. Lemaire, Les ostraca paléo-hébreux des fouilles de
l'Ophel, in Levant 10 (1978), 156-161

tekstvondst Qonerets
N. Avigad, Excavations in the Jewish Quarter of the Old
City of Jerusalem, 1971 (Third Preliminary Report), in
IEJ 22 (1972), 195-196
Idem, Discovering Jerusalem. Oxford 1984, 41

grafschrift Uzzia
HIKI, 104; IR, no.255; PI,39-40; TGI, 55
J.A. Fitzmyer & D.J. Harrington, A Manual of Palesti-
nian Aramaic Texts. Rome 1978, 168-169, 223-224
J. Simons, Jerusalem in the Old Testament; Researches
and Theories. Leiden 1952, 206

Literatuur bij hoofdstuk 6

de tekst uit Deir ᶜAlla
A. Caquot & A. Lemaire, Les textes araméens de Deir
ᶜAlla, in Syria 54 (1977), 189-208
H.J. Franken, Nieuwe vondsten in Palestina; Problemen
bij het opgraven van een tekst, in Natuur en Techniek
35 (1976), nr.10
J. Hoftijzer, De ontcijfering van de Deir-ᶜAlla-teksten;

Voordracht gehouden voor het Oosterse Genootschap in Nederland op 19 januari 1973. Leiden 1973 [vert. in het Engels: The Prophet Balaam in a 6th Century Aramaic Inscription, in BA 39 (1976), 11-17]

Idem, De Aramese teksten uit Deir ᶜAlla, in Phoenix 22 (1976), 84-91

J. Hoftijzer & G. van der Kooij, Aramaic Texts from Deir ᶜAlla. Leiden 1976

A.R. Millard, Epigraphic Notes, Aramaic and Hebrew, in PEQ 110 (1978), 23-26 – in het bijzonder pp. 24-25

H.-P. Müller, Die aramäische Inschrift von Deir ᶜAllā und die älteren Bileamsprüche, in ZAW 94 (1982), 214-244

H. & M. Weippert, Die 'Bileam'-Inschrift von Tell Dēr ᶜAllā, in ZDPV 98 (1982), 77-103

Ammonitische inscripties – algemeen

L.G. Herr, The Formal Scripts of Iron Age Transjordan, in BASOR 238 (1980), 21-34

K.P. Jackson, The Ammonite Language of the Iron Age, Chico 1983

Citadel-inscriptie

F.M. Cross, Epigraphic Notes on the Ammān Citadel Inscription, in BASOR 193 (1969), 13-19

W.J. Fulco, The ᶜAmmān Citadel Inscription: A New Collation, in BASOR 230 (1978), 39-43

S.H. Horn, The Ammān Citadel Inscription, in BASOR 193 (1969), 2-13

E. Puech & A. Rofé, L'inscription de la citadelle d'Amman, in RB 80 (1973), 531-546

W.H. Shea, Milkom as the Architect of Rabbath-Ammon's Natural Defences in the Amman Citadel Inscription, in PEQ 111 (1979), 17-25

K.R. Veenhof, De Ammān Citadel Inscriptie, in Phoenix 18 (1972), 170-179

De inscriptie van Tell Siran

TPO, 141

W.H. Shea, The Siran Inscription: Amminadab's Drinking Song, in PEQ 110 (1978), 107-112

H.O. Thompson & F. Zayadine, The Works of Amminadab, in BA 37 (1974), 13-19
K.R. Veenhof, Korte berichten: Een Ammonie(t)ische inscriptie, in Phoenix 19 (1973), 299-301

Theater-inscriptie
W.J. Fulco, The Amman Theater Inscription, in JNES 38
(1979), 37-38

Literatuur bij hoofdstuk 7

ANET, 568; CSIPMI, 46-55; HAHL, 15-24; HIKI, 76-
78; HMI, 26-30; IH, 259-269; IOTT, 64-67; IR, no.33;
KAI II, 199-201; NPI, 248-251; TGI 70-71; TPO, 134-
135
J.D. Amusin & M.L. Heltzer, The Inscription from Me-
ṣad Ḥashavyahu; Complaint of a Reaper of the Se-
venth Century B.C., in IEJ. 14 (1964), 148-157
F.M. Cross, Epigraphic Notes on Hebrew Documents of
the Eighth-Sixth Centuries B.C.: II. The Murabbaᶜât
Papyrus and the Letter found near Yabneh-Yam, in
BASOR 165 (1962), 34-46
J. Naveh, A Hebrew Letter from the Seventh Century
B.C., in IEJ 10 (1960), 129-139
Idem, More Hebrew Inscriptions from Meṣad Ḥashavja-
hu, in IEJ 12 (1962), 27-32
Idem, Some Notes on the Reading of the Meṣad Ḥashav-
jahu Letter, in IEJ 14 (1964), 158-159
Idem, Meṣad Ḥashavjahu, in Encyclopedia of Archaeolo-
gical Excavations in the Holy Land III, Londen 1977,
862-863
D. Pardee, The Juridical Plea from Meṣad Ḥashavjahu
(Yavneh-Yam); A New Philological Study, in Maarav
1 (1978), 33-66
V. Sasson, An Unrecognized Juridical Term in the Yabneh-Yam Lawsuit and in an Unnoticed Biblical Parallel, in BASOR 232 (1978), 57-63

Literatuur bij hoofdstuk 8

ANET, 568-569; CSIPMI, 56-68; HAHL, 24-67; HIKI,

63-64, 75-76, 82-90; HMI, 49-54; IH, 147-235; IOTT, 67-69; IR, no.49-72, 137 en 166; LB, 399-400, 403-404; NWSI, 90-93; RTAT, 269 (Ned.198-199); TPO, 141-142

Y.Aharoni, Arad Inscriptions (Judaean Desert Studies). Jeruzalem 1981

D. Conrad, On $z^e r\bar{o}a^c$ = 'Forces, Troops, Army' in Biblical Hebrew, in Tel Aviv 3 (1976), 111-119

H. Van Dyke Parunak, The Orthography of the Arad Ostraca, in BASOR 230 (1978), 25-31

D.N. Freedman, The Orthography of the Arad Ostraca, in IEJ 19 (1969), 52-56

V. Fritz, Arad in der biblischen Ueberlieferung und in der Liste Schoschenks I., in ZDPV 82 (1966), 331-342

Idem, Zur Erwähnung des Tempels in einem Ostrakon von Arad, in Die Welt des Orients 7 (1973-74), 137-140

C.H.J. de Geus, De opgravingen bij Tel Arad, Israel, in Phoenix 18 (1972), 147-164

J.H. Hospers, Enkele oudhebreeuwse brieven uit Tel ᶜArad, Israel (ca. 600 v.Chr.), in K.R. Veenhof (ed.), Schrijvend verleden; Documenten uit het Oude Nabije Oosten vertaald en toegelicht. Leiden enz. 1983, 100-106

A.R. Millard, Epigraphic Notes, Aramaic and Hebrew, in PEQ 110 (1978), 23-26 – in het bijzonder p.26

B. Otzen, Noch einmal das Wort TRKB auf einem Arad-Ostracon, in VT 20 (1970), 239-242

D. Pardee, Letters from Tel Arad, in UF 10 (1978), 289-336

A.F. Rainey, Three Additional Hebrew Ostraca from Tel Arad, in Tel Aviv 4 (1977), 97-104

V. Sasson, The word TRKB in the Arad Ostracon, in VT 30 (1980), 44-52

Idem, The Meaning of whsbt in the Arad Inscription, in ZAW 94 (1982), 105-111

M. Weippert, Zum Präskript der hebräischen Briefe von Arad, in VT 25 (1975), 202-212

Y. Yadin, The Historical Significance of Inscription 88 from Arad; A Suggestion, in IEJ 26 (1976), 9-14

Literatuur bij hoofdstuk 9

fragment Babylonische Kroniek
H.M. Beliën e.a., Een geschiedenis van de oude wereld;
Bronnen. Haarlem 1981, 44

ostraca uit Lakis
ANET, 321-322; CSIPMI, 69-93; DOTT, 212-217;
HAHL, 67-114; HIKI, 91-95; HMI, 32-49; IH, 85-
143; IOTH, 74-75; IOTT, 61-64; IR, no.77-78; KAI
II, 189-199; NWSI, 88-90; PI,30-35; SN, 197-199;
SPA, 75-103 (Ned.87-120), TGI, 75-78; TPO, 142-145
R.N. Ganor, The Lachish Letters, in PEQ 99 (1967), 74-
77
C.H.J. de Geus, Lachis in Juda; Opgravingen en ko-
ningsstempels, in Phoenix 26 (1980), 6-47
H.-P. Müller, Notizen zu althebräischen Inschriften I, in
UF 2 (1970), 229-242 – in het bijzonder pp.234-242
D.W. Thomas, Again 'The Prophet' in the Lachish Ostra-
ca, in Von Ugarit nach Qumran (BZAW 77). Berlijn
1958, 244-249
H. Torczyner, Lachish I (The Lachish Letters). Londen
1938

brief van Adon
DOTT, 251-255; KAI II, 312-315; TPO, 135-136
J.A. Fitzmyer, The Aramaic Letter of King Adon to the
Egyptian Pharaoh, in Biblica 46 (1965), 41-55
J.C.L. Gibson, Textbook of Syrian Semitic Inscriptions
II: Aramaic Inscriptions Including Inscriptions in the
Dialect of Zenjirli. Oxford 1975, 110-116
W.H. Shea, Adon's Letter and the Babylonian Chronicle,
in BASOR 223 (1976), 61-64

Literatuur bij hoofdstuk 10

kruik Makbiram (Hasor)
HIKI, 63-64; HMI, 18-19; IR, no.111; NPI, 244; SPA,
49-52 (Ned.56-59)
J. Naveh, Belonging to Makbiram or 'belonging to food-
servers', in EI 15 (1981), 301-302

beschreven kruikhandvatten Gibeon

HIKI, 74-75; HMI, 54-56; IR, no. 106; NPI, 246-248; SPA, 110-112 (Ned. 128-130)

N. Avigad, Some Notes on the Hebrew Inscriptions from Gibeon (Review-article), in IEJ 9 (1959), 130-133

F.S. Frick, Another Inscribed Jar Handle from El-Jîb, in BASOR 213 (1974), 46-48

J.B. Pritchard, Hebrew Inscriptions and Stamps from Gibeon, Philadelphia 1959

Idem, More Inscribed Jar Handles from el-Jîb, in BASOR 160 (1960),2-6

la-melech stempels

IR, no.80-85; LB, 394-400; SPA, 112-114 (Ned. 130-133)

D. Diringer, The Royal Jar-Handle Stamps, in BA 12 (1949), 70-86

C.H.J. de Geus, Lachis in Juda; De opgravingen en de koningsstempels, in Phoenix 26 (1980), 6-47 – in het bijzonder pp.31-45

P.W. Lapp, Late Royal Seals from Judah, in BASOR 158 (1960), 11-22

D. Ussishkin, Royal Judean Storage Jars and Private Seal Impressions, in BASOR 223 (1976), 1-13

Idem, The Destruction of Lachish by Sennacherib and the Dating of the Royal Judaean Storage Jars, in Tel Aviv 4 (1977), 28-60

P. Welten, Die Königs-Stempel; Ein Beitrag zur Militärpolitik Judas unter Hiskia und Josia. Wiesbaden 1969

gewichten

EEA, 99-105; DOTT, 227-230; HMI, 67-70; IAEP, 263-290; IR no.91-98

zegels en zegelafdrukken

DOTT, 218-226; EEA, 47-98; HIKI, passim; HMI, 59-64; IAEP, 111-261; IR, passim; PI, 35-38; SPA, 104-109 (Ned. 121-127)

N. Avigad, A Seal of 'Manasseh Son of the King', in IEJ 13 (1963), 133-136

Idem, The Seal of Jezebel, in IEJ 14 (1964), 274-276

Idem, New Names on Hebrew Seals (Hebr.), in EI 12 (1975), 66-71

Idem, The Priest of Dor, in IEJ 25 (1975), 101-105

Idem, Bullae and Seals from a Post-Exilic Judean Archive. Jeruzalem 1976

Idem, New Light on the *Na'ar* Seals, in Magnalia Dei, The Mighty Acts of God; Essays on the Bible and Archaeology in Memory of G. Ernest Wright. New York 1976, 294-300

Idem, The Governor of the City, in IEJ 26 (1976), 178-182

Idem, Baruch the Scribe and Jerahmeel the King's Son, in IEJ 28 (1978), 52-56

Idem, The King's Daughter and the Lyre, in IEJ 28 (1978), 146-151

Idem, The Chief of the Corvée, in IEJ 30 (1980), 170-173

G. Barkay, A Second Bulla of a *Sar Ha-ʿIr* (Hebr.), in Qadmoniot 10 (1977), 69-71

R. Hestrin & M. Dayagi-Mendels, A Seal Impression of a Servant of King Hezekiah, in IEJ 24 (1974), 27-29

Idem, Inscribed Seals; First Temple Period; Hebrew, Ammonite, Moabite, Phoenician and Aramaic; From the Collections of the Israel Museum and the Israel Department of Antiquities and Museums. Jeruzalem 1979

F. Vattioni, I sigilli ebraici, in Biblica 50 (1969), 357-388

Idem, I sigilli ebraici II, in Augustinianum 11 (1971), 447-454

Idem, Sigilli ebraici III, in Annali del'Istituto Universitario Orientale di Napoli 38 (1978), 227-254

K.R. Veenhof, Korte berichten: Het zegel van Baruch, zoon van Nerija, Jeremia's secretaris, in Phoenix 24 (1978), 83-85

Literatuur bij hoofdstuk 11

inscripties uit Chirbet el-Qom
HIKI, 60-62; IR, no.139-141

W.G. Dever, Iron Age Epigraphic Material from the Area of Khirbet el-Kôm, in HUCA 40/41 (1969-1970), 139-204

G. Garbini, Su un' iscrizione ebraica de Khirbet el-Kom, in Annali del'Istituto Orientale di Napoli 38 (1978), 191-193

O. Keel (ed.), Monotheismus im Alten Israel und seiner Umwelt. Fribourg 1980, 172-173

A. Lemaire, Les Inscriptions de Khirbet el-Qôm et l'ashérah de YHWH, in RB 84 (1977), 595-608

Idem, Les écoles et la formation de la Bible dans l'ancien Israël Fribourg enz. 1981, 25-32

S. Mittmann, Die Grabinschrift des Sängers Uriahu, in ZDPV 97 (1981), 139-152

tekstvondsten uit Kuntillet 'Adzjrud

HIKI, 58-59

J.A. Emerton, New Light on Israelite Religion: The Implications of the Inscriptions from Kuntillet ᶜAjrud, in ZAW 94 (1982), 2-20

O. Keel (ed.), Monotheismus im Alten Israel und seiner Umwelt, Fribourg 1980, 168-171

Z. Meshel & C. Meyers, The Name of God in the Wilderness of Zin, in BA 39 (1976), 6-10 [vgl. ook BA 40 (1977), plate A & B]

Z. Meshel, Kuntillet ᶜAjrud; A Religious Centre from the Time of the Judaean Monarchy on the Border of Sinai. Jeruzalem 1978

Idem, Did Yahweh Have a Consort? The New Religious Inscriptions from the Sinai, in BAR 5 (1979) no. 2, 24-35

J. Naveh, Graffiti and Dedications, in BASOR 235 (1979), 27-30

inscriptie op krater Berseba

HIKI, 58; IR, no.73

Y. Aharoni, Chronique archéologique, Tel Beersheva, in RB 78 (1971), 433-435 – in het bijzonder p.435

De inscriptie staat afgebeeld in M. Avi-Yonah (ed.), Encyclopedia of Archaeological Excavations in the Holy Land I, Londen 1975, 167

schaal met inscripties, Hasor

De schaal staat afgebeeld in Y.Yadin, Hazor: The Rediscovery of a Great Citadel of the Bible. Londen 1975, 182

offerschalen Arad
IR, no.64
Y. Aharoni, Arad Inscriptions. Jeruzalem 1981, 115-118
F.M. Cross, Two Offering Dishes with Phoenician In-
scriptions from the Sanctuary of ᶜArad, in BASOR 235
(1979), 75-78

wierookaltaar Lakis
RTAT, 267 (Ned.197)
F.M. Cross, Two Notes on Palestinian Inscriptions of the
Persian Age, in BASOR 193 (1969), 19-24
R. Degen, Der Räuchaltar aus Lachisch, in Neue Ephe-
meris für Semitische Epigrafik I. Wiesbaden 1972, 39-
48
A. Dupont-Sommer, Aramaic Inscription on an Altar, in
O. Tuffnel, Lachish III, The Iron Age. Londen 1953,
358-359
A. Lemaire, Un nouveau roi arabe de Qedar dans l'ins-
cription de l'autel à encens de Lakish, in RB 81 (1974),
63-72
E. Lipiński, Studies in Aramaic Inscriptions and Ono-
mastics I, Leuven 1975, 143-145

inscriptie Engedi
HIKI, 59-60
P. Bar-Adon, An Early Hebrew Inscription in a Judean
Desert Cave, in IEJ 25 (1975), 226-232

ostraca Tell Qasile
HIKI, 67-68; HMI, 15-17; IH, 251-258; IR, no.42; NPI,
244; NWSI, 86; SPA, 46-49 (Ned.52-56)

Papyrus Murabbaᶜat 17
HAHL, 120-122; HIKI, 73-74; HMI, 31-32; IR, no.32
P. Benoit e.a., Les Grottes de Murrabbaᶜât (Discoveries
in the Judaean Desert, 2). Oxford 1961, 93-100
F.M. Cross, Epigraphic Notes on Hebrew Documents of
the Eighth-Sixth Centuries B.C.: II. The Murabbaᶜat

Papyrus and the Letter found near Yabneh-Yam, in BASOR 165 (1962), 34-46

teksten Chirbet Beit Lei

HIKI, 90-91; HMI, 57-58; IOTT, 59-61; IR, no.79; NPI, 252-254; NWSI, 93-94; RTAT, 267-268 (Ned. 197-198)

F.M. Cross, The Cave Inscriptions from Khirbet Beit Lei, in J.A. Sanders (ed.), Near Eastern Archaeology in the Twentieth Century; Essays in Honor of Nelson Glueck. New York 1970, 229-306

A. Lemaire, Prières en temps de crise: les inscriptions de Khirbet Beit Lei, in RB 83 (1976), 558-568

J. Naveh, Old Hebrew Inscriptions in a Burial Cave, in IEJ 13 (1963), 74-92

M. Weippert, Archäologischer Jahrbericht, in ZDPV 80 (1964), 151-193 – in het bijzonder 161-164

REGISTER VAN BIJBELPLAATSEN

INDEX VAN BEHANDELDE TEKSTEN

De teksten zijn ingedeeld naar de plaats waar zij gevonden zijn